I D Hooson

Y Casgliad Cyflawn

LLYFRGELL BWRDEISTREF SIROL WRECSAM
WREXHAM COUNTY BOROUGH LIBRARY SERVICE

TYNNWYD
O'R STOC

GwasgGee

© Gwasg Gee (Cyhoeddwyr) Cyf.

Argraffiad cyntaf – Tachwedd 2012

ISBN: 9781904554141

Cydnabyddir cefnogaeth ariannol
Cyngor Llyfrau Cymru

Llyfrgell B.S.Wrecsam -
Wrexham C.B.C Library

5148

SYS

W891.661   £9.95

WR

Cyhoeddwyd gan Wasg Gee (Cyhoeddwyr) Cyf., Bethesda
www.gwasggee.com

Cyflwyniad

Bu adeg pan na chynhelid eisteddfod mewn na chapel nac ysgol heb fod adroddwyr yn cyhoeddi rhyw gerdd neu'i gilydd '. . . gan I.D.Hooson'. Roedd ei enw mor gyfarwydd i blant ysgol â llun Syr O.M.Edwards ar waliau'r ystafell ddosbarth. Daeth tro ar fyd. Gwych o beth felly yw penderfyniad Gwasg Gee i gyhoeddi casgliad cyfiawn o'r cerddi a ddewisodd y bardd-gyfreithiwr o Rosllannerch-rugog i'w cyhoeddi yn ei ddwy gyfrol *Cerddi a Baledi* a *Y Gwin a Cherddi Eraill.*

Isaac Daniel Hooson oedd cyw melyn ola'r nyth, yn bedwerydd plentyn i Edward a Harriet Hooson. Bu'n byw gydol ei oes, (heblaw am y cyfnod a dreuliodd yn y Llynges yn ystod y Rhyfel Byd Cyntaf) yn y tŷ lle cafodd ei eni ym 1880, Victoria House, Stryt y Farchnad, ar un o strydoedd mwyaf byrlymus y Rhos. Roedd y tŷ'n gydiol â siop ei dad, masnachwr llwyddiannus, cynghorydd, henadur, blaenor yn y Capel Mawr a gŵr tra defnyddiol yn ei gymdeithas. Bu ei feibion T.J. ac I.D.Hooson yn byw yng nghysgod eu tad ar hyd eu hoes. Heibio i Siop Hooson y deuai'r band undyn, gorymdeithiau'r undebau a'r Ysgolion Sul a chlybiau'r cleifion, a hefyd, bob bore clywai Hooson dramp clocsiau'r coliars ar eu ffordd i byllau glo'r Hafod, Vauxhall a Glanrafon. Ac eithrio 'Y Band Undyn', 'Y Lamp' a'r 'Hen Lofa' prin iawn yw'r cyfeiriadau brogarol yng ngherddi Hooson. Gwell oedd ganddo gwmni cymeriadau llachar fel Barti Ddu, Harri Morgan, Owain Lawgoch a'r Gwylliaid Cochion.

I drigolion tai siamberi'r ardal, ystyrid teulu Hooson ymhlith 'y rhai esmwyth yn Seion' Ond roedd gofid ac unigrwydd yn taflu eu cysgodion yn feunyddiol ar aelwyd Victoria House; gwyddai I.D.Hooson yn burion am wibiadau 'creadur yr hwyr a'r cysgodion' y mae'n sôn amdanynt yn 'Yr Ystlum'. Cafodd ei frawd hynaf, Thomas John Hooson, yrfa ddisglair, gan raddio mewn Hanes yng

Ngholeg y Brifysgol, Rydychen. O Rydychen aeth i Lundain i astudio'r gyfraith ond, fel ei frawd iau, câi fwy o flas ar ymhel â llenyddiaeth rhagor lyfrau'r ddeddf, a threuliodd weddill ei ddyddiau yn adolygu llyfrau i bapurau Stryd y Fflyd. Yn ei ei englyn i Tom Hooson, dywed R. Williams Parry 'Er meddu dysg fel dysg dau / Ni ddôi sŵn o'i ddwys enau'. Roedd brawd a chwaer arall I. D. Hooson yn dioddef o salwch meddwl enbyd ac oherwydd hynny roedd y cartref yn gartref caeëdig. Ni fyddai pobl y Rhos yn ymweld â'r tŷ. Ni fyddai drws ffrynt Victoria House byth ar agor. Efallai mai hyn sydd i gyfrif am swildod encilgar Tom ac I. D. Hooson a'r ymdeimlad o unigrwydd a phrudd-der sy'n treiddio trwy gynifer o gerddi'r bardd a'i gydymdeimlad cyson â'r gwan, y diamddiffyn a'r erlidiedig mewn cymdeithas ac ym myd Natur - pethau a phobol yr ymylon.

Bwriadai I. D. ddilyn cwrs mewn meddygaeth, ond penderfynodd y tad mai ei ddilyn ef fel *Grocer and Draper* a wnâi, gan ei anfon i fwrw ei brentisiaeth gyda chwmni Morris & Jones, Lerpwl, ac o'r ddinas honno yr anfonodd ei gerdd gyntaf i'w chyhoeddi yn *Herald y Rhos,* fis Medi 1900. Ymhen dwy flynedd fe welid ei faledi a'i delynegion ar dudalennau *Cymru* (O. M. Edwards). Rhwng 1900 a 1904 ymddangosodd rhyw 25 o gerddi yn *Herald y Rhos* a *Cymru* ac yn ddiweddarach cyhoeddwyd ei gerrdi yn *Y Llenor, Y Ford Gron, Western Mail, Yr Eurgrawn* a'r *Drysorfa.* Hiraeth am bethau a phobl, natur, ac ambell gerdd wlatgarol yw cynnwys cerddi cyfnod Lerpwl. Hwn oedd cyfnod cyntaf Hooson fel bardd, ond dim ond dwy neu dair cerdd o'r cyfnod hwn yr oedd Hooson yn fodlon eu cynnwys yn ei ddwy gyfrol. Er hynny gwelir prif themâu canu I. D. yng ngherddi ei gyfnod cynnar, rhwng 1900 - 1915, sef breuder bywyd, byrhoedledd hoen ieuenctid, gwae a gwynfyd, dychryn angau, a thwyll serch. Fel y sylwodd sawl beirniad, 'nid ymledu ond dyfnhau oedd y datblygiad mawr yng nghanu Hooson.'

Mae'n arwyddocaol mai'r flwyddyn y bu farw ei dad, 1904, y gadawodd fyd masnach am lyfrau'r ddeddf. Roedd Hooson yn uchel ei barch ymysg cyfreithwyr a daeth yn

Dderbynnydd Swyddogol Llys y Methdalwyr yng Ngogledd Cymru ac yn bartner yng Nghwmni 'Hooson & Hughes, Cyfreithwyr', Wrecsam.

Ni chafwyd dim oll o'i law rhwng 1911 a 1926. Yn ei ragair i *Cerddi a Baledi* mae'n cyfaddef, 'am ryw reswm anesboniadwy disgynnodd mudandod arnaf'.

Gellir dyddio cerddi ei ail gyfnod rhwng 1928 - 1944 a chynnyrch y cyfnod hwn a geir yn ei ddwy gyfrol ac yntau'n ŵr dros ei hanner cant oed. Cyfansoddwyd mwyafrif helaeth y cerddi hyn rhwng 1930-1938, cyfnod anodd yn ei hanes, pryd y bu farw ei chwaer, ei fam, a'i ddau frawd. Roeddynt hefyd yn flynyddoedd dadrithiad ac amheuon ac mae cerddi Hooson yn adlewyrchu hyn. Yn 'Y Rhwyd', ni all gysoni hagrwch a chreulondeb â Duw cariad. Gwelir ei Ffydd yn simsanu yn 'Tanau' - 'llygaid digyffro'r nefoedd / syllai ar hynt y tân / Echnos - gwych ddinas Rhufain / Heno - tre'r morgrug mân'. Pryf difäol sydd wrth graidd y bydysawd 'Ei drywydd a gylcha'r cyfanfyd; / A phan êl hwnnw ar chwâl, / Yn lludw y seren olaf / Y delir y pryf yn ei wâl' (Y Pryf). Nid oes ond 'lludw llwyd' yn dilyn awr anterth serch, 'angerdd pob fflam a thân pob nwyd / A dry'n ei dro yn lludw llwyd' (Y Fflam). Pethau ar gyfyl tranc yw'r 'Daffodil', 'Yr Ydfaes', 'Y Pabi Coch' a byrhoedledd 'y fer garwriaeth felys / A gwyllt gusanau'r gwynt' sydd yn 'Blodau'r Gwynt'. Eto i gyd, dyma hefyd gyfnod ei byncio sionc, byrlymus a lliwgar am 'Forys y Gwynt a'i ddwy foch goch', am 'Guto Benfelyn o Dyddyn y Celyn a Gwenno o Dyddyn y Gwynt' ac am yr 'hen ŵr hen' mewn fantell fraith.

Erbyn cyhoeddi *Y Gwin a Cherddi Eraill*, fel yr awgryma R. Geraint Gruffydd, roedd Hooson y bardd, 'wedi cael golwg neu ymwybyddiaeth newydd o anfarwoldeb ac atgyfodiad'. Yn hanner cerddi ei ail gyfrol fe'i gwelwn yn dringo o gors amheuon ac anobaith i sicrwydd ffydd. Nid y pryf yw'r Arglwydd mwyach ac yn 'Dychwel' mae'n cyhoeddi'n bendant 'Ni chaiff y pryf fy nghnawd, / Er mai fy mrawd yw ef;' Bellach, llwyddodd i gysoni hagrwch a phrydferthwch byd Natur 'Rwyt tithau ymhlith y rhifedi / Sy'n dwyn Ei fwriadau i ben'

(Yr Ystlum). Yn 'Yr Oed' mae'n derbyn ei feidroldeb ac yn disgrifio effaith yr eiliadau datguddiol, sythweledol arno sydd, fel y dengys R. Geraint Gruffydd, yn 'rhagflas o fywyd tragwyddol gyda Duw'. 'A daw, ysgatfydd, ambell awr / Yn llawn o ryw orfoledd mawr, / A'th ysbryd dithau yn rhoi llam / Drwy wellt ei babell, megis fflam' (Yr Oed).

Yn emynau Ann Griffiths a 'Theomemphus' Pantycelyn y cafodd lawer o ddelweddau'r ddwy gyfrol - 'y gwynt', 'y gwin', 'y wledd', 'y tân', 'y pridd' a'r 'pryf'. Yn *Cerddi a Baledi* mae'r 'gwynt' yn dwyllwr, drylliwr a threisiwr, diffoddir 'fflam' a 'thân' pob 'angerdd a nwyd' (Y Fflam) a dim ond staen y 'gwin' sydd ar ôl wedi dryllio llestri'r gyfeddach (Y Wawr). Yn ei ail gyfrol, *Y Gwin a Cherddi Eraill,* ac yntau bellach wedi·profi'r 'cyffro arall hwnnw. . . na ŵyr y pridd amdano, yn datod rhwymau'r cnawd' (Y Gwin) mae'r 'gwynt' yn rhannwr cyfrinachau ac yn anadl ysbrydol; y 'fflam' yn 'obaith gwyn' (Y Lamp); ac yn 'Y Gwin' - ei delyneg orau yn nhyb y bardd - mae 'gwin melys yr hen ffiolau' yn gymorth i 'ddrachtio gwaddod chwerw' diwedd oes (Y Gwin). Bu farw yn ei gartref ar 18 Hydref, 1948

Wedi dadrith ac amheuon *Cerddi a Baledi* mae'r bardd yn ymdawelu yn *Y Gwin a Cherddi Eraill,* gan fynegi sicrwydd ffydd y bydd yn 'cadw oed / A'r Hwn sy'r Un, yr Un erioed' (Yr Oed). Bydd cyhoeddi gwaith Hooson rhwng cloriau un gyfrol yn gyfle i ddilyn ei bererindod o 'gyfyng gell' i'r 'Gwesty Gwyn'.

Gareth Pritchard Hughes
Mawrth 2012

CASGLIAD *CERDDI A BALEDI*

— CANEUON —

Y TRYSOR

Cwsg, O! cwsg, fy mhlentyn,
    Yn fy mreichiau clyd;
Nid oes a'n gwahana
    Heno drwy y byd.

Fe ddaw rhywun heibio
    Rywdro, ac a fynn
Ddwyn f'anwylyd ymaith,
    Gwn, o'm breichiau tynn.

Amser, yr Ysbeiliwr,
    Antur fawr, neu Serch,
Hud rhyw fro bellennig,
    Llygaid dengar merch,

Gwŷr a meirch y Brenin
    Ar eu ffordd i'r gad;
Tithau'n mynd i'w dilyn
    Fel yr aeth dy dad.

Rhywdro . . . ond nid heno;
    Cwsg, fy mhlentyn gwyn.
Ni chei grwydro heno
    Gam o'm breichiau tynn.

Y FFLAM

Carafán goch a milgi brych
A chaseg gloff yng nghysgod gwrych;
A merch yn dawnsio i ysgafn gân
A chrwth ei chariad yng ngolau'r tân.

Cyfyd y tân ei fflam fry
Fel braich am wddf y crochan du;
A'r Sipsi tal a rydd dan sêl
Ei lw o serch ar fin o fêl.

Dros ael y bryn y dring y lloer,
Mae'r tân yn awr fel hithau'n oer;
Angerdd pob fflam, a thân pob nwyd,
A dry'n ei dro yn lludw llwyd.

Y RHWYD

Syllais ar wead cywrain
    Ei rwydwaith arian cain,
Ar frigau'r perthi gwyrddion,
    A gwynion flodau'r drain.

'Celfydd yw'r llaw a'i nyddodd,
    Hawddgar a theg yw'r un,'
Meddwn, 'a weithiodd allan
    Gampwaith mor hardd ei lun.'

Gwyliais — ac wele'r gweithiwr
　　Yn brysur wrth ei waith,
Ond nid oedd tegwch iddo
　　Na dim hyfrydwch, chwaith.

Ac yn y rhwydwaith arian
　　Ymwingai dryslyd ddau —
Prydydd a'i awen ysig,
　　Pryfyn a'i adain frau.

Y LAMP

Wedi tanchwa Gresford, Medi 1934

Fe ddeil y lamp ynghyn
　　Ar fwrdd y gegin lom,
A'i fflam fel gobaith gwyn
　　Drwy oriau'r hirnos drom.

Mae'r drws o led y pen,
　　Er oered gwynt y nos;
Pwy ŵyr na ddaw y llanc
　　Yn ôl cyn hir i'r Rhos?

'Mae'n gorwedd,' meddai rhai
　　'O dan y talcen glo,
A'r fflam yn fur o dân
　　O gylch ei wely o.'

Ond, yn y bwthyn llwyd
　　Mae un o hyd a fynn
Ddisgwyl ar drothwy'r drws,
　　A chadw'r lamp ynghyn.

ADERYN

. . . a ddaeth un dydd yn fawr ei ffwdan
drwy'r ffenestr i swyddfa'r bardd.

Paham, paham, aderyn hardd,
Y daethost ti i swyddfa'r bardd —
I le mor llwm, mor groes i'th reddf,
O'r llwyni ir at lyfrau'r ddeddf;
O'r awyr rydd i gyfyng rwyd
Ystafell fwll cyfreithiwr llwyd —
Ond un sy'n caru, fel tydi,
Gytgan y dail a murmur lli,
A phob rhyw liw a llawen gerdd
A geir mewn maes a choedlan werdd?

Ai'r hebog cas, aderyn ffôl,
A fu yn ymlid ar dy ôl?
Ai dianc wnaethost rhag y saeth
Neu ddychryniadau a fo gwaeth —
Rhyw gudd adarwr brwnt ei lun
A ofni'n fwy na'r gelyn ddyn?

O! paid â gwylltio, 'r bychan ffôl,
Gan hedeg, hedeg 'mlaen ac ôl,
Yn lleddf dy gri gan ddeffro'r llwch
Sy'n gorwedd ar fy llyfrau'n drwch;
Pam garwhei dy liwiog blu?
'Does yma neb ond cyfaill cu:
Ond gwn mai anodd yw i un
A glywodd am greulonder dyn
At deulu'r maes a'r coed a'r lli,
Ddisgwyl tynerwch gennyf i.

10

Paid, paid â chrynu yn fy llaw,
Cei fynd yn ôl drwy'r gwynt a'r glaw,
I'r meysydd glas a'r goedlan werdd,
Ac yno eto byncio cerdd;
Dan hugan wen y ddraenen ddu
Cei wrando cân dy gymar cu,
A llechu'n dawel; ac fe chwyth
Awelon hwyrddydd dros dy nyth;
Cei deimlo'r plisgyn gwan yn rhoi
O danat—tithau'n ymgyffrôi
Mewn melys ffwdan am fod un
Newydd-anedig gwael ei lun
Yn mynnu, mynnu gwthio'i ben
Dan esmwyth blu dy fynwes wen;
A'th gymar balch â'i felyn big
Yn torri'r newydd drwy y wig.

Pob rhyw hyfrydwch a fedd llwyn
A fo dy ran, aderyn mwyn;
A chysgod yr adarwr hy
A gadwo 'mhell o'th ddeiliog dŷ.

Paid, paid â chrynu yn fy llaw,
Cei fynd yn ôl drwy'r gwynt a'r glaw,
Gwêl—mi agoraf lydan ddrws,
Dos dithau, dos y bychan tlws.

Y CARCHAROR

Tân

Tu ôl i'r barrau dur
    Fe rua'r bwystfil coch—
Rhuo a chwyno'n lleddf,
    Cwyno a rhuo'n groch.

Fe gofia'i uchel dras,—
    Llwdn fforestydd nef;
Un o wehelyth hen
    Yr heuliau a'r sêr yw ef.

Gwêl ei bawennau llyfn,
    Tegwch ei liw a'i rym;
Gwêl ei felyngoch fwng,
    Gwylia'i ewinedd llym.

Ymwinga, ymwthia'n wyllt
    Yn erbyn barrau'i gell;
Ysir ef gan ei nwyd;
    Clyw leisiau'r fforestydd pell.

· · · · ·

Weithian gorwedd yn fud,
    Dim ond y llygaid coch
A weli yng nghwr y gell;
    Darfu y rhuo croch.

Llygaid yn araf gau,
    Dim ond llwch yn y gell;
Yntau'r carcharor a aeth
    Yn ôl i'w gynefin pell.

Y PRYF

Rhybudd a welwyd ar furiau Eglwys Pedr Sant
yn ninas Caer, Medi 1933:
'This ancient church – 1026 years old – is in danger.
The death watch beetle has attacked the south roof.'

Mae Eglwys y Sant mewn enbydrwydd,
    A chyffro drwy Ddinas Caer;
Ac Esgob a Rheithor yn anfon
    I fyny ymbiliau taer.

Mae rhywun yn ysu y trawstiau
    Nes siglo'r muriau a'r tŵr,
Heb barch i na Rheithor nac Esgob
    Na Sant, na chywreinwaith gŵr;

Yn nen yr adeilad â'i finiog
    Fynawyd yn tyllu drwy
Y llathraidd golofnau fu'n sefyll
    Am fil o flynyddoedd a mwy,

Gan droi eu cadernid a'u tegwch
    Yn fân-lwch, i ddilyn hynt
Pob tegwch a fu, a chadernid
    Ac ymffrost yr oesau gynt.

A dynion â chŷn ac â morthwyl
    Yn dringo'r ysgolion tal,
Gan ddilyn ei drywydd drwy'r trawstiau;
    Ond ofer yw ceisio ei ddal.

Ei drywydd a gylcha'r cyfanfyd;
    A phan êl hwnnw ar chwâl,
Yn lludw y Seren olaf
    Y delir y pryf yn ei wâl.

HENAINT

Eisteddai'n llonydd wrth y tân,
   Mewn esmwyth hun, yn hen a blin;
Ei gwar ynghrwm, ei dwylo 'mhleth,
   A'r gweill yn segur ar ei glin,

Meddyliau mwyn ymdonnai'n wên
   Dros dawel wedd ei hwyneb gwyn,
Fel chwaon pêr o erddi pell
   Yn hwyr y dydd dros lonydd lyn.

Huno, breuddwydio, deffro dro,
   A'r gweill yn trin yr edau frau
I'r olaf pwyth; a'r olaf hun
   Ddifreuddwyd, hir amdani'n cau.

CASTELL CONWY

Teithiais heibio i Gastell Conwy
   Ym Mehefin, gyda'r wawr,
Ac mi welais rhwng y meini
   Ryw ysmotiau cochion mawr,
A thafodau tân yn chwarae
   Ar y mur ac ar y llawr.

'Gwaed y dewrion,' meddwn innau,
   'Gwaed y gwŷr a gwympodd gynt;'
Ac 'roedd siffrwd eu banerau
   Yno'n aros yn y gwynt,
A llef utgyrn hen ryfeloedd
   Yn fy nilyn ar fy hynt.

'Fflamau,' meddwn, 'fflamau'r goelcerth
    A gyneuwyd ddyddiau fu,
Ac yn para i olau eto
    Er i Angau oeri'r llu
A'u cyneuodd;' ac mi glyw-wn
    Glecian rhwng y trawstiau du.

Syllais wedyn—yna gwelais,
    Yno'n glir yng ngolau'r dydd,
Mai Mehefin a fu'n gwisgo
    Muriau'r gaer â'i flodau rhudd.
Unlliw'r fflam â gwaed y dewrion;
    Ac fe ffodd fy mreuddwyd prudd.

HEN FYNWENT

Porthwyd ei newyn gwancus
    Ar ysbail frasa'r fro;
Llyncodd yr hen a'r ifanc
    I'w chrombil yn eu tro.

Ymbesgodd ar fireinder
    Ac irder mab a bun;
Esgyrn yr hen ŵr musgrell
    A sugnodd iddi'i hun.

Bellach syrffedodd hithau,
    Caeodd ei hirsafn rhwth;
Wele, daeth arni dynged—
    Penyd di-wrthdro'r glwth.

Afiach ei hwyneb chwyddog,
    Aflan y wisg fu'n hardd:
Mieri lle bu myrtwydd,
    Ac anial lle bu gardd

Y CYSGWYR

Heddiw, a Mai yn chwerthin
   O berth a chlawdd a gwig,
Sefais wrth lidiart isel
   Eu holaf dawel drig.

'Roedd chwerthin yno hefyd,
   Ac yno yr oedd 'Mai
Â'i lifrai yn rhoi urddas
   Ar irddail' gwael y tai.

Blagurai'r wyllt fiaren
   Ar drothwy llawer tŷ,
Ac wrth y drws caeëdig
   Ymsythai'r chwyn yn hy.

A thorrodd llais direidus
   Y drudwy ar fy nghlyw;
Ei gellwair rhwng y cangau,
   A'i gân ym mrig yr yw.

Ond cysgai'r holl breswylwyr
   Drwy hirddydd heulog Mai;
Ac ni ddaeth neb i godi
   Llenni ffenestri'r tai.

TANAU

Taniwyd y grug a'r eithin
    Yng ngwyliadwriaeth nos;
A'r fflam a gerddai'r moelydd
    Mewn gwisg o aur a rhos.

Llosgwyd aneddau dinod,
    Maesdrefi'r morgrug mân;
Yswyd eu da a'u tiroedd
    Gan fflamau'r gwibiog dân.

Clywais o frig yr onnen
    Ganig yn lleddfu'r gwynt;
Cofiais am Nero Grythor
    Pan losgai Rhufain gynt.

Llygaid digyffro'r nefoedd
    Syllai ar hynt y tân;
Echnos—gwych ddinas Rhufain,
    Heno—tre'r morgrug mân.

Y GANNWYLL

Crwydrais o'm bro gynefin,
  Collais fy ffordd yn llwyr;
A thros y rhosydd unig
  Disgynnai llenni'r hwyr.

Clywais y gwynt yn cwyno
  Fel hen bererin llesg;
'Roedd yntau wedi colli
  Ei lwybr yn yr hesg.

Taflai y lleuad gannaid
  Ei llewych ar y rhos;
A llosgai llawer llusern
  Ym mhlasau pell y nos.

Teithiais ymlaen, a gwelais
  Olau o'r bwthyn tlawd;
A diddim lloer a heuliau
  Wrth olau cannwyll brawd.

CYNHEBRWNG

Rhyw dridiau yn ôl ar yr heol
  Yng nghanol prysurdeb y dref,
Y safai'n gardotyn digysur
  Heb neb yn ei gyfarch ef.

Ciliodd i'w gaban, ac yno,
  Rhwng cyfnos a thoriad dydd,
Gosododd y Brenin ei hunan
  Ei sêl ar ei lwydaidd rudd.

18

A chydradd cardotyn yr heol
    Â'r balchaf penadur a fu,
A chyfled ei stad â'r pendefig,
    Yn rhandir y Brenin du.

Heddiw yng ngherbyd y Brenin,
    A'i lifrai, y pasiodd drwy'r dref,
A'r dyrfa a minnau'n dinoethi
    Ein pennau o barch iddo ef.

TOBI

Heddiw mi gollais gyfaill,
    Hen gyfaill dengmlwydd oed,
Na welwyd mo'i ffyddlonach
    Ar ddau na phedwar troed.

Gwelais y golau cyfrin
    Yn cilio o'r llygaid têr—
Golau a fflam nad adnabu
    Heuliau na disglair sêr.

'Enaid nid oedd i'th gyfaill'—
    Dyna a ddywaid rhai;
Sut bu i'r fath ffyddlondeb
    Ddeilliaw o ddim ond clai?

'Nefoedd ni wnaed i'r cyfryw':
    Yn wir, od oes nef i mi,
Mynnwn i'm cyfaill hefyd
    Gael cyfran ohoni hi.

Y FRONFRAITH

Yn fachgen bochgoch llon,
   Â'm 'sgrepan ar fy nghefn,
Ac yn fy niriaid law
   Y garreg greulon lefn;
Anelais honno gyda nerth,
   A lleddais gantor mwyn y berth.

Yn fachgen llwyd ei wedd,
   Penliniais yno'n brudd,
Euogrwydd dan fy mron
   A'm dagrau ar fy ngrudd;
Ond ni ddaeth gweddi'r bachgen ffôl
   Â'r cantor mwyn i'r berth yn ôl.

Y LLOER

Un cannaid hwyr eisteddai gŵr,
Â'i 'sbienddrych hir, mewn uchel dŵr,
Gan syllu fry i entrych nen,
A gwelodd di, O! Leuad wen.

'Sgrifennodd yn ei lyfr—'Y Lloer
Nid yw ond anial marw, oer,
Di-ddŵr, di-awyr, llwm a noeth—
Ysgerbwd byd,' medd Llyfr y Doeth.

Ac unwaith cerddai prydydd ffôl,
Yn glaf o serch, ar draws y ddôl;
Edrychodd yntau tua'r nen,
A gwelodd di, O! Leuad wen.

Darllenais heddiw gyda gwên
Yng nghywydd mwyn y prydydd hen-
'Canhwyllau'r Brenin biau'r Byd
Yw'r gannaid Loer a'r Sêr i gyd.'

WIL

Mae Wil yng ngharchar Rhuthun,
    A'i wedd yn ddigon trist,
Ei rwyd a'i wn yn gorwedd
    Yn segur yn y gist;
Y ffesant mwy gaiff lonydd
    Ym mherthi gwyrdd y plas,
A'r lwyd gwningen redeg
    Yn rhydd drwy'r borfa fras.

Mae Wil yng ngharchar Rhuthun,
    A'i wraig yn malio dim;
Na'r plant na neb yn hidio,
    Ond 'Fflach' y milgi chwim;
Mae hwn fel hen bererin
    Hiraethus a di-hedd,
Ei dduw ymhell, ac yntau
    Yn methu gweld ei wedd.

Yng nghwr y goedwig neithiwr,
    A'r lloer yn hwylio'r nen,
Mi welais lygaid gloywon,
    Ac ambell gynffon wen;
A thybiais glywed lleisiau
    Fel mwyn aberoedd pell
Yn diolch i'w Creawdwr
    Fod Wil yn rhwym mewn cell.

Y WAWR

Bu rhyw rialtwch neithiwr
    Tu ôl i'r dorau mawr
A gaeir rhwng y machlud
    A thoriad cynta'r wawr;
Mae llestri y gyfeddach
    Yn deilchion ar y llawr.

Ffiolau perl a chwrel
    Ac aur gwpanau cain
A ddrylliwyd, ac mae'r gwinoedd
    Yn llifo rhwng y rhain,
Eu staen ar fyrddau'r loddest
    A'u gwyn lieiniau main.

YR YDFAES

Bu'r dawnswyr melyn drwy y dydd
Yn dawnsio'n hapus rudd wrth rudd,
Ac wrth eu traed 'roedd tyrfa goch
Hefyd yn dawnsio foch wrth foch.

A thrwy y nos dros grib y bryn
Disgynnai ar y dawnswyr hyn
Betalau gwyn rhosynnau oer
Gerddi y sêr a lawntiau'r lloer.

Ond heddiw, drwy yr hafddydd maith,
Bu gwŷr yn brysur wrth y gwaith
O dorri i lawr a rhwymo'n dynn
Y dawnswyr melyn pendrwm hyn.

Ac weithian safant yno'n rhes
Dan leuad Awst, ei haul a'i des;
Ac ni all pibau mwyna'r gwynt
Eu denu hwy i'r ddawns fel cynt.

HAWLIAU

Mi welais ŵr—llechwrus ŵr—
    Un min y nos, ar ddistaw droed,
Yn gosod creulon fagl ddur
    I ddal diniwed deulu'r coed;
Haerai y gŵr ei hawl a'i reddf
Yn erbyn arglwydd, gwlad a deddf.

Mi welais ŵr—truenus ŵr—
    O flaen y llys ar wŷs ei well,
A'r Ustus balch â sarrug drem
    Yn sôn am ddirwy, cosb a chell;
Dadleuai'r gŵr ei hawl a'i reddf,
Pwysleisiai'r Ustus hawliau'r ddeddf.

Mi welais yn y fagl ddur
    Greadur bach a'i wddf yn dynn,
A'i ffroenau'n wlyb gan ddafnau gwaed,
    Ac yn ei lygaid olwg syn;
Dadleuai yntau yno'n lleddf
Ei hawl i fyw yn ôl ei reddf.

FFYDD

'Roedd gwyntoedd Mawrth yn chwythu
   Yn oer dros ddŵr y llyn,
A chaenen wen o eira
   Yn oedi ar y bryn,
A'r gweithwyr wrthi'n brysur
   Ym mrigau Çoed-y-glyn.

Gweithwyr mewn cotiau pigfain
   O frethyn parchus du
Wrthi drwy'r dydd yn ddyfal,
   Er gwaetha'r gwyntoedd cry';
Wrthi heb gŷn na morthwyl
   Yn adgyweirio'r tŷ.

Hen gartref eu hynafiaid
   A faeddwyd gan y gwynt,
Lle magwyd hwy a'u tadau
   Yn hafau'r dyddiau gynt,
Lle lledwyd adain gyntaf
   Ar wyllt anturus hynt.

'Weithwyr, nid oes un ddeilen
   Eto ar goed y fro,
A bregus ydyw muriau
   Eich cartref gwag, di-do;'
'Na hidia, fe ddaw'r irddail
   A'r cywion yn eu tro.'

DAFFODIL

Fe'th welais di ar lawnt y plas
    A gwyntoedd Mawrth yn oer eu min;
Ar feysydd llwyd a gweirglodd las,
    Ac awel Ebrill fel y gwin;
Ni welwyd un erioed mor llon,
    Â'th fantell werdd a'th euraid rudd,
Yn dawnsio yn y gwynt a'r glaw
    I bibau pêr rhyw gerddor cudd.

Fe'th welais di mewn llestr pridd
    Ar ffawydd fwrdd gwerinwr tlawd;
Mewn ffiol ddrud o risial pur
    Yn neuadd wych y da ei ffawd;
Ond ofer yno bob rhyw gerdd;
    Ni ddawnsit mwy; ac ar dy rudd
'Roedd hiraeth am y gwynt a'r glaw,
    A phibau pêr y cerddor cudd.

Y LLWYN
Haf

Rhyfeddais at dy degwch di,
    Arglwyddes hardd, a thirion ferch,
Pan ddaeth Mehefin yn ei rwysg,
    Yn dwym ei fron i ddweud ei serch;
'Roedd aur y flwyddyn yn ei wallt,
    Ac yn ei lygaid las y nef,
A thywysogion Hafau fil
    A gerddai yn ei osgordd ef

Mor llon dy lys, mor llawn dy fwrdd,
    Fore'r briodas yn y coed;
A'r llu yn dod â dawns a chân
    Ar adain chwim ac ysgafn droed;
Tithau'n ymdroi yng nghwmni'r llanc,
    Ac angerdd serch yn gwrido'i wedd;
A minnau a'th westeion fyrdd
    Yn oedi uwch cwpanau'r wledd.

Y LLWYN

Gaeaf

Tosturiaf wrthyt heddiw, chwaer,
 Wyt weddw drist, a thlawd a noeth.
A ph'le mae'r llanc â'r melyn wallt
 À'i eiriau mêl, a'i gusan poeth?
Dy lys sydd lwm, ei furiau'n foel,
 A'th wisgoedd gwych yn garpiau coch;
Ac nid oes telyn drwy dy ffin,
 Ond oernad blin y rhewynt croch.

Mae'r hen ddirgelwch deimlais gynt
 Tra safwn yn dy wyddfod di,
Oll wedi mynd, oll wedi mynd;
 Daearol ydwyt fel myfi;
Mae serch yn fyr, byr ei barhâd,
 A dail a chnawd yn frau, yn frau;
Ond pwy a ŵyr, fy chwaer, na ddaw
 Mehefin eto inni'n dau?

Y CUDYLL COCH

Daeth cysgod sydyn dros y waun,
   A chri a chyffro lle 'roedd cerdd
A chwiban gwyllt aderyn du
   A thrydar ofnus llinos werdd,
Ac uwch fy mhen ddwy adain hir
Yn hongian yn yr awyr glir.

Fe safai'r perthi ar ddi-hun,
   A chlywid sŵn ffwdanus lu
Yn ffoi am noddfa tua'r llwyn
   Mewn arswyd rhag y gwyliwr du;
Ac yntau fry yn deor gwae,
A chysgod angau dros y cae.

A minnau yno'n syllu'n syn,
   Ar amrant—yr adenydd hir
Dry dan fy nhrem yn flaenllym saeth,
   A honno'n disgyn ar y tir;
Ac yna un, a'i wich yn groch,
Yng nghrafanc ddur y cudyll coch.

Y WENNOL

O dan y bondo ger fy nhŷ
Y wennol las yn trydar fu
Am ryfeddodau'r broydd pell,
A hafau hir rhyw hafan well;
Ni tharfu dig na thwrf y don,
Na min y storm, mo fynwes hon;
A heb im wybod, dros y lli
Â'i llathraidd adain llithrodd hi.

YR EOS

Ni wn pwy daenai'r stori
   Fod eos rhwng y drain,
Yn canu'i chalon allan
   Ym mherthi Bryn-y-brain;
Ond cerddem yn finteioedd
   Dan olau'r lleuad fain,
I wrando cân yr eos
   Ym mherthi Bryn-y-brain.

Ni wn a glywodd undyn
   O'r dyrfa honno 'rioed
Y mwyn aderyn cefnllwyd
   Yn canu yn y coed;
Ond gwn mor llon y teithiem
   Ar draws y caeau glas,
A'r hyfryd ddisgwyl wedyn
   Dan gysgod coed y plas.

I dawel lys yr hafnos
   Ni ddaeth y cantor pêr,
Ond melys oedd yr aros
   A'r disgwyl dan y sêr;
Disgwyl y gerdd nis canwyd,
   Gwrando y gân ddi-lef—
A gobaith yn creu nefoedd
   O'r addawedig nef.

YR YSGYFARNOG

Clustiau hirfain, llygaid gloyw—
Dacw hi, y geinach hoyw;
Cyfarth pell a sydyn lam,
Ffwrdd â hi drwy'r gwyrdd fel fflam.

Edrych arni'n croesi'r tir—
Dwy goes gwta, dwy goes hir—
A dacw Fflach, y milgi main,
Ar ei hôl drwy'r grug a'r drain.

Yn ei blaen heb wyro dim,
Yn ei blaen yn chwim, yn chwim;
Llygaid gwylltion, clustiau tal,
A phedair hirgoes am ei dal.

Trwy y grug a'r glaswellt llaith,
Disglair yw ei siaced fraith;
Ac odani'r galon bitw
Gura'n gyflym bore heddiw.

Ar y gwastad wele'r milgi
Ar ei hôl â'i hirnaid heini,
Hithau'n llamu llethrau'r rhiw;
Dal di ati'r goch dy liw!

Trwy yr eithin, heibio i'r prysgwydd,
Drwy y grug y rhed y trywydd;
Heibio i'r wâl lle bu am oriau
Neithiwr dan y lleuad olau.

Heddiw nid oes le yn unman
Iddi droi, ffoadur truan,
Ond y ffin ddiadlam olaf;
Gŵyr fod Angau ar ei gwarthaf.

Hirnaid eto, hirnaid heini—
(Y mae Fflach yn siŵr ohoni!)
Hirnaid eto, ac mae'r glustfain
Yn ei afael tynn yn gelain.

Cyfarth cŵn a gweiddi croch,
Mwy ni flina'r geinach goch;
Rhag eu hofn byth mwy ni lam
Ar y gweunydd megis fflam.

Y PREN AFALAU

Daeth haid o wenyn gwynion
    Ar gangau'r goeden ir,
A gwelais hwy yn cysgu
    Dan olau'r heulwen glir;
'Roedd rhywun yn eu siglo,
    Gan suo isel gerdd,
A'r gwenyn yn breuddwydio
    Ar gangau'r goeden werdd.

Drwy'r berllan cerddais wedyn
    Un hwyrddydd lleddf ac oer,
A hwythau'n dal i gysgu
    Dan olau'r ieuanc loer;
Ond cri a ddaeth o'r dwyrain,
    A rhyw ysgytio mawr,
A'r gwenyn gwyn a giliodd
    O'r cangau cyn y wawr.

Y DARAN

Wedi dyddiau o wres
   Ac o fyllni haf,
Wele'r gawod a'i rhin
   Ar y meysydd claf.

Distawai'r fwyalchen
   Ym mrigau y pren;
Ond arall aderyn
   A ganai uwchben.

O'i lwyn yn y cwmwl,
   Ei alaw oedd groch;
A fflachiai'i adenydd
   Yn llachar a choch.

Ac arno gwrandawai'r
   Fwyalchen yn syn;
Ac yntau'n ymlusgo
   Dros ysgwydd y bryn.

Ond wele yr Heliwr
   Yn dyfod o'i blas,
Ei wyneb yn ddisglair
   A'i fantell yn las;

A ffodd yr aderyn
   O'i wyddfod yn ddig,
A moliant yr Heliwr
   A lanwai y wig.

Y LLWYNOG

Mi welais innau un prynhawn
    Dy hela yn y dyffryn bras,
Gan wŷr a merched, cŵn a meirch,
    Y lledach dlawd a'r uchel dras;
Gwibiaist o'm gŵydd fel mellten goch
A'th dafod crasboeth ar dy foch.

Yn unig druan o flaen llu,
    Yn llamu'r ffos yn wyllt dy hynt;
Y llaid ar dy esgeiriau llyfn,
    A chorn y cynydd ar y gwynt;
O'th ôl 'roedd Angau'n agosáu,
O'th flaen dy ryddid di a'th ffau.

'Rwyt yn ysbeiliwr heb dy fath,
    Pa beth yw deddfau dyn i ti?
Ni wn a dorraist ddeddfau'r Un
    A blannodd reddf dy natur di;
Ond gwn na chei, ffoadur chwim,
Gan ddyn na chŵn drugaredd ddim.

Mynnwn pe mynnai'r Hwn a wnaeth
    Dy goch ddiwnïad siaced ddrud,
A luniodd dy 'ryfeddod prin'
    It gael dy ddwyn yn iach i'th dud,
I'r creigiau tal ar grib y bryn,
A fflam dy lygaid eto 'nghyn.

Mi fûm mewn pryder oriau hir,
    Ond daeth llawenydd gyda'r nos
O wybod mai oferedd fu
    Dy hela di hyd waun a rhos,
A'th fod yn hedd y rhedyn crin,
Â'th ben ar bwys dy balfau blin.

YNG NGOLAU'R LLOER

Yng ngolau'r lloer daw'r llwynog coch
    O'i ffau ar ysgafn droed,
A'r tylwyth teg o'u pebyll brau
    I ddawnsio dan y coed;
Af innau i gwrdd fy annwyl un
Yng ngolau'r lloer ddedwyddaf fun.

Yng ngolau'r lloer, ac awel Mai
    Yn chwerthin yn y coed,
A minnau'n pwyso ar ei fron
    Yn eneth ddeunaw oed,
Yn gwrando stori fwyna'r byd
Gan fwynaf fab—O! gwyn fy myd!

Yng ngolau'r lloer, mor unig wyf,
    A dail y coed sy'n grin—
Mae yntau 'mhell ar feysydd Ffrainc,
    Yng nghanol berw'r drin—
Mor bell yw dyddiau deunaw oed
Ac awel Mai ym mrig y coed.

Yng ngolau'r lloer, mae llwynog coch
    Yn llechu yn ei ffau,
A'r tylwyth teg sy'n cysgu'n drwm
    O dan eu pebyll brau—
'Rwyf innau'n brudd, a'm bron yn oer
O ofn y drin, yng ngolau'r lloer.

Yng ngolau'r lloer mae bedd yn Ffrainc,
    Ac arno groes o bren—
Bydd bedd yng Nghymru cyn bo hir,
    A'm henw uwch ei ben.
A thynged dau—ar garreg oer
Ddarllenir mwy—yng ngolau'r lloer.

YR YNYS BELLENNIG

Mi glywais am ynys bellennig
    Yng nghanol y gwyrddfor maith,
Ynys bellennig, hynod o unig,
    Ni eilw un llong ar ei thaith
Â glannau yr ynys bellennig
    Yng nghanol y gwyrddfor maith.

'Does yno ond gwynion wylanod
    Yn nythu'n agennau y graig
Gwynion wylanod, ac aur-felyn dywod,
    A'r laston yng ngwaelod y graig
Yn sibrwd â'i dyfnlais i'r tywod
    Dragwyddol gyfrinach yr aig.

F'anwylyd, a gawn ni fynd yno,
    I'r ynys bellennig i fyw;
Neb ond yr wylan, fy nghariad a minnau
    Ym murmur y tonnau yn byw,
A throi yr ynysig, bellennig ac unig
    Yn fythol baradwys i fyw?

MEWN GARDD

Dileuad hafaidd hwyr,
    Y sêr i gyd ynghudd;
A'r awel rhwng y dail
    Yn cwyno'n brudd.

Ac yna'r gawod law,
    A sisial blagur fyrdd;
A'r coed yn curo'n llon
    Eu dwylo gwyrdd.

'Roedd perlau ar bob brig,
    Ar fron pob lili dlos,
Yn hirwallt gloywddu pêr
    Y wyryf nos.

A pheraroglau'n dod
    O gudd welyau'r mwsg,
O'r lawnt lle plygai'r rhos
    Ei ben ynghwsg.

O lawer gwritgoch berth,
    A gwynion flodau claf,
Cariadau haul a gwynt,
    A chawod haf.

A minnau yn y gwyll,
    Dan gysgod coed yr ardd
Yn methu canfod un
    O'r dyrfa hardd,

A gysgai wrth fy nhraed,
    Freuddwydiai uwch fy mhen;
Mor gudd â'r llu a aeth
    Tu hwnt i'r llen.

Ond gwyddwn drwy y nos,
   Er eu gorchuddio dro,
Fod llawer câr a ffrind
   O fewn y fro.

Ac yna daeth y wawr,
   Â'i llusern aur i'r ardd—
A gwelais heb un llen
   Y dyrfa hardd.

P'UN?

Flodyn bach,
Ai dy gariad, flodyn bach,
Yw'r wenynen ynteu'r awel
Chwery ar dy ruddiau iach?

Goed y llwyn,
P'un felysa, goed y llwyn
Gan eich dail, ai cân aderyn,
Ynteu su y chwaon mwyn?

Laston oer,
P'un a geri, laston oer,
P'un rydd gusan mwyna' iti,
Min y traeth neu ynteu'r lloer?

Gwenno lon,
Dywed wrthyf, Gwenno lon;
P'un ai fi ai'r hogyn arall,
Wenno, biau serch dy fron?

FIOLED

Flodeuyn pêr yswil
   Yn gwenu ar y ddôl,
Fe'th welais di cyn hyn
   Yn gwenu yn ei chôl,—
Dy irddail glas a thyner di,
Ar wenfron deg f'anwylyd i.

Flodeuyn tlws dy wawr,
   Fe'th welais cyn yr hwyr
Yn gwywo ar ei bron,
   A'th dlysni'n cilio'n llwyr,—
Ond heddiw gweni ar y ffridd,
A'i thlysni hithau yn y pridd.

Flodeuyn pêr yswil,
   Cei di, a'r rhosyn balch,
A'r euraid ddaffodil,
   A'r lili liw y calch,—
Bob blwyddyn ddod i'r ardd a'r ddôl—
Ni ddaw f'anwylyd byth yn ôl.

Ni ddodaf lili wen,
   Na lluniaidd ddaffodil,
Na rhosyn ar ei bedd,
   Ond ti, y bychan swil;
Cei sisial yno wrth y gwynt—
Mor bêr, mor dlos, mor fer fu'i hynt.

YR EHEDYDD

Ar las y ddôl gorweddwn i,
    A thithau fry yng nglas y nen
Yn tywallt mawl dy galon dwym
    Yn gawod felys ar fy mhen:
Bererin llwyd y llawr a'r nef,
A nodau deufyd yn dy lef.

Os gwael dy wely ar y waun,
    A'i wellt yn wlyb gan wlith a glaw;
Os cura'r cenllysg arno'n dost,
    Ti fedri esgyn uwch pob braw,
Yn ddewr dy fron, ar adain gref,
A'th beraidd salm at byrth y nef.

Fe gân yr eos rhwng y dail,
    A châr y fwyalch frig y pren;
Ni cheni di mewn llwyn na pherth,
    Fe fynn dy gân ehangder nen;
Y cwmwl yw dy deml bêr,
Ac mae d'allorau rhwng y sêr.

Y CARIAD A GOLLWYD

Mi gleddais fy nghariad dan olau y lloer—
    Mewn tristwch y cleddais i hi;
Ei hamdo oedd dagrau, a hiraeth ei harch,
    A'i bedd oedd fy nghalon i.

Mae'r sôn ei bod eto i'w gweled fin nos
    Yn rhodio hyd feysydd y fro,
Ond gwn nad fy nghariad yw honno—mae hi
    O hyd yn fy nghalon ynghlo.

Efallai mai'r un yw ei henw—a bod
    Ei llygaid a'i gwallt o'r un lliw,
Ei delw yr unrhyw o bryd ac o wedd;
    Ond gwn nad fy nghariad i yw.

Bu farw fy nghariad pan giliodd ei serch,
    Er aros o'r ddelw ddi-rin;
Ni'm dawr am y llusern pan ddiffydd y fflam,
    Na'r llestr pan dderfydd y gwin.

— BALEDI —

YR HEN DWM

Un garw yw Twm. A glywaist-ti Twm
Yn dweud fel y listiodd pan glywodd y drwm
Yn canu *Gwŷr Harlech*, a'r miri a'r row,
Ac yntau'n pendwmpian yng nghegin y Plow?

A gadael y pentre' a wnaeth yr hen Dwm,
Mewn gwisg o ysgarlad ar alwad y drwm;
Yng ngwledydd y dwyrain, yr Aifft a'r Swdan,
Mewn llawer ysgarmes cymerodd ei ran.

O wersyll i wersyll â'i fidog a'i wn
Ymdeithiodd filltiroedd yn flin dan ei bwn,
Ei draed yn ddolurus, yn boenus ei gam,
Heb ddŵr yn ei lestr, a'i dafod yn fflam.

Dros lwybrau lle cerddodd ieuenctid y byd
Cyn siglo Assyria a'r Aifft yn eu crud,
A lledu y babell rhwng cyfnos a gwawr
Lle gynt y gorweddodd gwŷr Cyrus i lawr.

Ac wedyn ben bore drwy'r anial drachefn,
Y gwŷr a'r camelod â'u pwn ar eu cefn,
A theithio a theithio heb ddyfod yn nes
At byrth hen ddinasoedd y tywod a'r tes.

Ac yna y seibiant i gamel a gŵr
O dan y balmwydden yn ymyl y dŵr;
Y beichiau yn disgyn, a'r nos yn nesáu,
Y lludded yn cilio, a'r llygaid yn cau.

· · · · ·

'Rhyw fywyd go lwm a gefaist ti, Twm,
    'Rôl gadael y pentre',
    Ar alwad y drwm;
Ac Ifan, dy gefnder, a Robin a Now
Yn canu bob Sadwrn yng nghegin y Plow.

' A'r hogiau fel arfer yn porthi yn fras
O'r afon a'r llynnoedd a llwyni y plas—
A thithau'n ymdeithio yn boenus dy gam,
Heb ddŵr yn dy lestr, a'th dafod yn fflam.'

'Er brwydro yn galed, a theithio yn flin,
Anghofiwn y cwbwl yn hwyl y cantîn,
Ond rhedai fy meddwl yn amal i'r Plow
At Ifan fy nghefnder a Robin a Now.

'At lawer nos Saboth yng nghanol yr ha',
A Mot yn fy ymyl a'i drwyn fel yr iâ.
A'r clychau o'r pellter yn galw yn fwyn,
A ninnau yn loetran yng nghysgod y llwyn.

'Mi welais forynion llygad-ddu a llon
Yn dawnsio a chanu tu arall i'r don,
Lliw'r gwin ar eu gwefus, lliw'r mêl ar eu grudd,
A'u lleisiau fel dyfroedd rhedegog a chudd.

'Anghofiais,' medd Twm, 'holl ferched y Cwm,
    Y Cyrnol a'r Serjiant
    A galwad y drwm—
A chyda'r morynion a llanc o Gaerdydd
Y bûm ar ddisberod am lawer dydd.'

'Fe'i cefaist yn drwm, 'rwy'n siŵr, yr hen Dwm.'
    'Do, do,' meddai yntau,
    'A bywyd go lwm
Mewn cell am rai dyddiau, a'm baeddu yn flin,
Am ddilyn hudoles y wefus o win.

'Mi welais yr Arab ar farch oedd yn gynt
 Na fflachiad y fellten a rhuthr y gwynt,
 A'r fintai gamelod yn plygu eu glin
 Gerllaw y pydewau, yn llwythog a blin.

'Mi welais ddinasoedd y dwyrain a'r de,
 A themlau a thyrau yn estyn i'r ne',
 A blin bererinion, ar derfyn y dydd,
 Yn mynd dros y gorwel i Ddinas y Ffydd.

'Fe'm llethwyd gan syched, a gwingodd fy nghnawd
 Dan fflangell y poethwynt ysgubol ei rawd,
 Ond profais o wynfyd rhyw nefoedd ddi-stŵr
 O dan y balmwydden yn ymyl y dŵr.'

· · · · ·

' *'Rwyt gartref ers talwm yn awr, yr hen Dwm,*
 A'th wallt wedi gwynnu, a'th ysgwydd yn grwm;
 A garit ti eto ymdeithio dan bwn,
 Mewn gwisg o ysgarlad â'th fidog a'th wn?'

'Ni chrwydraf byth eto—'rwy'n araf lesgáu,
 A'm llygaid yn pallu, a'm clust yn trymhau;
 Ond clywaf yn amal dwrf meirch a gwŷr traed,
 Ac ias o lawenydd a gerdda drwy 'ngwaed.

'Mi glywaf swyddogion yn gweiddi yn gras,
A Chyrnol a Serjiant yn dwrdio yn gas—
A minnau'n ymsythu yn dalgryf o'u blaen,
Heb rwd ar un botwm, a'm gwisg heb ystaen.

'Ac weithiau pan fyddaf yn gysglyd a blin,
Caf fyned mewn breuddwyd yn ôl i'r cantîn,
A chlywaf y chwerthin a'r miri a'r row,
Ac yna deffroaf yng nghegin y Plow.

'O drothwy fy mwthyn, ymhell dros y dŵr
Mi welaf yn amal ryw demel a thŵr,
A blin bererinion, ar derfyn y dydd,
Yn mynd dros y gorwel i Ddinas y Ffydd.

'Daw'r olaf orchymyn i minnau cyn hir,
A cherddaf fel milwr nes cyrraedd y tir;
A chaf gan fy Mrenin ryw lecyn, 'rwy'n siŵr,
O dan y balmwydden yn ymyl y dŵr.'

Y BREUDDWYD

Un noswyl eisteddwn yn ymyl y tân,
    A noswyl Nadolig oedd hi;
A llithrodd fy meddwl ar grwydr ymhell,
    I Fflandrys a'i beddau di-ri'.

Mi welais y croesau yn wyn dan y lloer,
    A'm calon gan hiraeth yn drist;
A chlywais y clychau yn canu drwy'r nos
    Y newydd am eni y Crist.

A chofiais am Ifan yr Efail a Huw—
    Huw'r Felin ddireidus a llon,
A'r hwyl a fu ganwaith fin nos gyda'r cŵn,
    Neu'n chwarae ar gaeau y Fron.

Am Ifan yr Efail, gyhyrog a thal,
    Y cyfaill ffyddlona'n y byd;
A Huw bach y Felin, lygadlas a ffraeth,
    Â'i wallt cyn felynned â'r ŷd.

I Wrecsam yr aethom un bore ein tri
    Lle cawsom siwt newydd gan 'Siôr,'
A'n gyrru o wersyll i wersyll ar hynt
    Cyn croesi mewn llong dros y môr,

I ganol yr Uffern a luniwyd gan ddyn
    I'w gyd-ddyn—ac Ifan a Huw
A minnau'n dygymod ar brydiau â'r fall,
    Heb gofio na Chymru na Duw.

Yn llonydd y safem yng nghysgod y ffos,
   Ein llygaid yn tremio drwy'r gwyll;
Yn wlyb ac yn lleidiog ein dillad a'n gwedd,
   Gan bwyso yn flin ar y dryll.

Un bore, 'rôl ymgyrch rhwng cyfnos a gwawr,
   Anturio a chilio drachefn;
Mae Ifan yr Efail yn tynnu drwy'r mwg
   Yn araf â Huw ar ei gefn.

Huw'r Felin dafodrydd am unwaith yn fud—
   A'i ruddiau fel marmor yn wyn,
A chlytiau lliw rhwd ar yr aur yn ei wallt,
   A'i lygaid direidus yn syn.

'Roedd Ifan yr Efail mor dyner â mam
   A wyliai ei phlentyn mewn hun;
Ond gwyddwn na welai Huw'r Felin byth mwy
   Na Chapel na marchnad yn Llŷn.

A chofiwn weld Ifan ei hunan un hwyr
   Yn gorwedd yn llonydd ac oer;
A hogyn o'r Almaen gydgysgai ag ef
   Yn dawel dan olau y lloer.

Yn herio ei gilydd bu'r gynnau drwy'r nos,
   A'u lleisiau'n aflafar a chroch,
Ond cysgu yn drymach wnâi Ifan a'r llanc,
   Pob un ar ei glustog goch.

• • • • •

A minnau mewn hiraeth yn hir wrth y tân,
    A'm meddwl ymhell dros y môr,
Mi glywais y lleisiau pereiddiaf erioed
    Yn canu tu allan i'm dôr.

Cyfodais mewn cyffro ac agor y drws,
    Ac yno 'roedd Ifan ei hun,
A Huw bach y Felin â'i wallt fel yr ŷd
    Dan gryman yr Hydref yn Llŷn.

A'r bachgen o'r Almaen (a welais i gynt)
    A safai gan wenu yn llon—
Y tri yn ddianaf, a siriol eu gwedd,
    Heb ddicter na llid dan eu bron.

A thorrodd eu carol ar drymder y nos,
    A gwelwn y Byd yn gytûn
Yn gwrando o'r newydd, gan uno yng nghân
    Y bechgyn o'r Almaen a Llŷn.

MYNWENT BETHEL

Mae'r 'Bedol' ar yr aswy
   A 'Bethel' ar y dde,
A'r fynwent yn y canol—
   Hir gartre' plant y dre;
Daw holl ffyddloniaid Bethel
   A'r Bedol yn eu tro
Yno i gadw noswyl,
   A chysgu yn ei gro.

Mae Huws, y Grosar, yno—
   Y blaenor wyneb trist,
Ei ddagrau wedi'u sychu
   Am byth o fewn y gist;
A Wil, y Glöwr rhadlon,
   A feddwai ambell dro—
Mae yntau'n gorwedd yno,
   Heb syched, yn y gro.

Fe garai Wil y meysydd
   A'r llwyni drwy ei oes,
Cwningen a 'sgyfarnog
   A milgi hir ei goes;
Mewn cân a chwmni diddan
   Y treuliai lawer awr,
Dan gronglwyd glyd y Bedol
   Ar fainc y gegin fawr.

Ond gwynfyd Huws, y Grosar,
 Oedd gwrando'r bregeth hir;
Ni welodd Huws ryfeddod
 Mewn maes na choedlan ir;
Rhwng meinciau Capel Bethel
 A chowntar Siop y Groes
Y cafodd ei ddiddanwch
 A'i nefoedd drwy ei oes.

Bu'r ddau yn dadlau'n fynych
 Dros hawliau'r chwith a'r dde—
Ond heddiw maent yn dawel
 Ym mynwent oer y dre;
Yn aros awr y ddedfryd
 Rhwng muriau'r carchar llaith,
Y tystion wedi'u galw,
 A'r rheithwyr wrth eu gwaith.

Pwy ŵyr beth fydd y ddedfryd
 A rydd y rheithwyr call;
'Roedd beiau a rhinweddau
 Yn eiddo'r naill a'r llall;
Ond weithian, mwyn fo'u cyntun
 Ym mynwent drist y dre,
Y Bedol ar yr aswy,
 A Bethel ar y dde.

HARRI MORGAN

*Yn null un o'r baledi Saesneg wedi
marw'r morleidr enwog yn 1688.*

Un dewr oeddit ti, Harri Morgan,
    A dychryn holl grwydrwyr y don—
Ond bellach 'does undyn a'th ofna,
    Mae'r tywod yn drwm ar dy fron.

Un gwyllt oeddit ti, Harri Morgan,
    A thanllyd dy dafod a'th wedd—
Ond bellach fe ddarfu dy gabledd
    Yn oerni dilafar y bedd.

Un balch oeddit ti, Harri Morgan,
    Ac uchel dy glodydd a'th barch
Pan gerddit y bwrdd—ond 'rwyt bellach
    Yn isel rhwng byrddau dy arch.

Hen bry, oeddit ti, Harri Morgan,
    Un cyfrwys â'th gyllell a'th gledd—
Ond beth am y pry' sydd yn tyllu
    Drwy'r amdo yng ngwaelod dy fedd?

BARTI DDU

Bartholomew Roberts, a aned yng Nghastell Newydd Bach (Casnewy' Bach) yn 1682. Rhestrir ef gyda'r Cymro arall hwnnw, Syr Harri Morgan, fel un o forladron enwoca'r byd. Lladdwyd ef mewn ysgarmes ar y môr yn 1722.

Hywel Dafydd, 'rôl brwydrau lu
Ar y cefnfor glas yn ei hwyl-long ddu,
    A glwyfwyd yn dost,
    Er ei rwysg a'i fost,
Ar y cefnfor glas yn ei hwyl-long ddu.

A'r morwyr yn holi'n brudd eu bron:
'Pwy fydd ein llyw i hwylio'r don;
    Pwy fydd y llyw
    Ar y llong a'r criw,
A Chapten Dafydd yng ngwely'r don?'

'Barti Ddu o Gasnewy' Bach,
 Y morwr tal â'r chwerthiniad iach;
    Efô fydd y llyw
    Ar y llong a'r criw—
Barti Ddu o Gasnewy' Bach.'

Ac i ffwrdd a hwy dros y tonnau glas.
I ffwrdd ar ôl yr Ysbaenwyr cas,
    I reibio o'u stôr,
    Ar briffyrdd y môr,
 Longau Ysbaen ar y tonnau glas.

Barti Ddu yn ei wasgod goch
A gerddai y bwrdd gan weiddi'n groch;
    Gyda'i wn a'i gledd,
    Yn ddiofn ei wedd,
Yn ei felyn gap gyda'i bluen goch.

A'r morwyr yn canu ag ysgafn fron
I'r pibau mwyn ac i su y don:
    'Bar—Bartholomew,
    Bar—Bartholomew,
Ef yw ein llyw i hwylio'r don.'

Yn Barbados yr oedd llongau mawr;
Yn Barbados cyn toriad gwawr—
    Dacw Barti Ddu
    A'i forwyr lu
Yn byrddio'r llongau cyn toriad gwawr.

Gemau ac aur oedd ar y bwrdd,
Gemau ac aur a ddygwyd i ffwrdd,
    A llawer cist,
    Cyn i'r wawrddydd drist
Weled y gwaed ar y llithrig fwrdd.

Ac yna ymhell drwy y gwynt a'r lli,
I Banama dros y Caribî;
    A llongau 'Sbaen
    Yn ffoi o'u blaen,
Â'u hwyl ar daen, dros y Caribî.

Yn llwythog o rawn a llieiniau main,
O loyw-win ac o emau cain—
    O berlau drud
    O bellafoedd byd,
A barrau o aur a sidanau main.

A'r morwyr yn canu ag ysgafn fron
I'r pibau mwyn ac i su y don:
    'Bar—Bartholomew,
    Bar—Bartholomew,
Ef yw ein llyw i hwylio'r don.'

O draethau Brazil hyd at Newfoundlan',
O fôr i fôr ac o lan i lan,
    Ei ofn a gerdd,
    Dros Iwerydd werdd
O draethau Brazil hyd at Newfoundlan'.

Ond Barti Ddu o Gasnewy' Bach,
Y Cymro tal â'r chwerthiniad iach,
    A dorrwyd i lawr
    Ar Iwerydd fawr,
Ac ni ddaeth yn ôl i Gasnewy' Bach.

Fe'i llaeswyd i wely y laston hallt,
Â'i felyn gap am ei loywddu wallt,
    Gyda'i wn a'i gledd,
    I'w ddyfrllyd fedd,
I gysgu mwy dan y laston hallt.

Ond pan fo'r storm yn rhuo'n groch,
A'r Caribî gan fellt yn goch,
 Daw Barti Ddu
 Â'i forwyr lu,
Yn ei felyn gap gyda'i bluen goch.

Ac o fynwent fawr y dyfnfor gwyrdd
Daw llongau Ysbaen a'u capteiniaid fyrdd,
 Hen forwyr 'Sbaen
 I ffoi o'i flaen
A'u hwyl ar daen dros y dyfnfor gwyrdd.

A chreithiau glas ar eu hwyneb gwyn,
A rhaff am lawer gwddf yn dynn;
 Yn welw ac oer
 Yng ngolau'r lloer,
A chreithiau'i gledd ar eu hwyneb gwyn.

A chlywir uwch rhu y gwynt a'r don,
Y pibau mwyn a'r lleisiau llon:
 'Bar—Bartholomew,
 Bar—Bartholomew,
Ef yw ein llyw i hwylio'r don;
 Bar—Bartholomew,
 Bar—Bartholomew,
Ef yw ein llyw i hwylio'r don.'

OWAIN LAWGOCH (1340-78)

1

Pwy yw yr hwn sydd yn croesi'r don,
  Pwy yw yr hwn y mae sôn
Am ei longau chwim a'i filwyr dewr,
  O Fynwy i Ynys Fôn?

Pwy yw yr hwn sydd yn gyrru'r Sais
  O feysydd Ffrainc ar ffo?
Pwy yw yr hwn y mae'r Clêr â'u cainc
  Yn moli ei enw o?

Owain o hil Llywelyn Fawr,
  Owain y coch ei law;
Owain y coch ei gledd a'i saeth
  Sy'n morio o Harfleur draw.

Yn morio a'i wŷr yn eu gwyrdd a'u gwyn,
  Pob un gyda'i fwa hir;
Owain y Gwalch, y morgenau balch,
  Sy'n dychwel yn ôl i'w dir.

Yn ei longau chwim, dan eu hwyliau gwyn,
  Y gwynt a'r don o'i du;
Pennaeth y Gad a Gobaith ei Wlad
  Sy'n dod gyda'i filwyr lu.

Fflamier y goelcerth o ben pob bryn,
  Seinier yr utgorn clir;
Owain sy'n dod, y mawr ei glod,
  A'i wŷr gyda'r bwa hir.

Owain o hil Llywelyn Fawr,
 Owain y coch ei law,
Owain y coch ei gledd a'i saeth
 Sydd yn morio o Harfleur draw.

2

Paham y taria ei longau ef
 Mor hir? Ai'r don a'r gwynt
A ddaeth â'u lleng? Ai'r ddrycin ddreng
 A'u chwythodd ymhell o'u hynt?

Daeth haf a gaeaf yn eu tro
 I'n bro er pan fu'r sôn
Y deuai ef, y Coch ei Law,
 O Harfleur draw i Fôn.

A'r gwynt a gludai'i glodydd o
 O lawer bro a glan,
Ond ni ddaeth gwynt â'i longau o
 I frwydro ar ein rhan.

O La Rochelle a'r Eidal draw,
 O Lydaw y daw'r sôn
Am rym ei lu a nerth ei law;
 Paham na ddaw i Fôn?

Mae'r goelcerth ar y bryniau tal
 Yn lludw oer cyn hyn;
A blin yw'r milwr ar y tŵr,
 A'r gwyliwr ar y bryn.

Ai oeri a wnaeth y coch ei law,
 Y coch ei gledd a'i saeth?
A drechwyd ef gan y gelyn cryf?
 Ai yng ngharchar y mae—yn gaeth?

Na, na; nid grym y gwynt na'r don,
    Nid rhyferthwy'r storom gref,
Nid banerog lu—ond y llofrudd du
    A ddaeth ar ei warthaf ef.

Rhyw flaidd a ddaeth yn rhith yr oen—
    Rhyw lofrudd ffals ei wên
A roddodd friw i ni a'n Llyw
    Yng nghastell llwyd Mortaigne.

'Moes im fy arf,' meddai'r Cymro dewr;
    Ac yna'r dihiryn Sais,
O gysgod mur, â'i bicell ddur
    A'i gwanodd ef dan ei ais.

A'n Pennaeth sydd yn y carchar prudd,
    Yn rhwym hyd yr olaf wŷs;
A'i ddwyn o'i gell, ger Mortaigne bell,
    Ni all yr un teyrn na llys.

Owain o hil Llywelyn Fawr,
    Owain y coch ei law;
Pennaeth y Gad a Gobaith ei Wlad
    I Gymru mwy ni ddaw.

A thrist yw'r gwyliwr ar y tŵr
    A'r milwr ar y maes;
A swrth yw'r llongau yn y bae,
    A'u hwyliau'n llwyd a llaes.

Owain o hil Llywelyn Fawr,
    Owain y coch ei law,
Sy'n huno 'mhell, yn ei hirgul gell,
    A'r llongau yn Harfleur draw.

GUTO NYTH BRÂN

*Rhedwr enwog yn ei ddydd. Ar ei feddfaen y mae
hanes rhai o'i gampau, a'r un a ganlyn yn eu mysg.*

Mae mynwent Llanwynno
(Ni wn a fuost yno)
Lle rhoddwyd Guto o Nyth Brân
Dan raean mân i huno.

Ysgafndroed fel 'sgyfarnog,
A chwim oedd Guto enwog—
Yn wir, dywedir bod ei hynt
Yn gynt na'r gwynt na'r hebog.

Enillodd dlysau lawer;
Ond hyn sy'n drist, gwrandawer—
Fe aeth i'w fedd, er cyflymed oedd,
Flynyddoedd cyn ei amser.

Ymryson wnaeth yn ffolog,
Gan herio march a'i farchog
I'w guro ef ar gyflym daith
Dros hirfaith gwrs blinderog.

Daeth tyrfa fawr i ddilyn
Yr ornest awr y cychwyn—
A gwylio'r ddau a redai ras
O ddolydd glas y dyffryn.

Dros briffyrdd sych caregog,
Dros gulffyrdd gwlyb a lleidiog,
Drwy'r llwch a'r dŵr, y rhed y gŵr
A'r march fel dau adeiniog.

Drwy lawer pentref llonydd,
Lle saif yn yr heolydd,
Ar bwys eu ffyn, yr hen wŷr syn
A'u barfau gwyn aflonydd.

Dros lawer cors a mawnog
Y dwg y march ei farchog—
A Guto ar ei warthaf rydd
Ryw lam fel hydd hedegog.

A'r dyrfa yn goriain,
A chŵn y fro yn ubain;
Mae'r bloeddio gwyllt fel terfysg cad
Trwy'r wlad yn diasbedain.

Fel milgwn ar y trywydd
Y dringant ochrau'r mynydd;
Dros fryn a phant, dros ffos a nant,
Cydredant gyda'i gilydd.

Ac wele, dacw'r gyrchfan
O flaen y rhedwyr buan;
Mae Guto ar y blaen yn awr,
A'r dyrfa fawr yn syfrdan.

Nid oes ond canllath eto . .
Ond ugain . . decllath eto . .
A dacw'r march yn fawr ei dwrf
Bron wddf am wddf â Guto.

Ysbardun llym a fflangell
Sy'n brathu'r march fel picell—
Ni thycia ddim; mae Guto chwim
O'i flaen ar draws y llinell.

A hirfloedd a dyr allan,
Gan lenwi'r dyffryn llydan—
Rhyw nerthol gawr, fel taran fawr,
A nef a llawr sy'n gwegian.

'Hwrê, Hwrê i Guto,
Nyth Brân a orfu eto',
Daw'r fanllef lon yn don ar don,
A'r gŵr bron â llesmeirio.

Ei riain a'i cofleidia,
Gan guro'i gefn—ond gwelwa
Y llanc ar fron ei eneth lân
Ac yna'n druan trenga.

Cei ddarllen ar y beddfaen
Sydd uwch ei wely graean
Yr hanes trist, ac fel y caed
E'n gorff wrth draed ei riain.

Ac am ei roi i huno
Ym mynwent wen Llanwynno,
'Rôl curo'r march, yn fawr ei barch
Mewn derw arch ac amdo.

Ac yno yn Llanwynno
Yr huna Guto eto;
Er cyflymed oedd—ni all y llanc
Byth ddianc oddi yno.

Y GWYLLIAID COCHION

1

JOHN Wyn ap Meredydd o Wydir
 Gychwynnodd yn fore o'i lys,
John Wyn ap Meredydd a'i filwyr
 Farchogodd i Fawddwy ar frys;
Dros drumau yr Oerddrws, a'r gaeaf
 Yn chwythu ei utgyrn yn groch,
A'r eira yn cuddio y creigiau
 Lle llechai y Gwylliaid Coch.

John Wyn ap Meredydd o Wydir,
 Ac Owain y Barwn a'i lu,
A Siryf Trefaldwyn yn marchog
 Ei geffyl porthiannus a du;
Eu dynion i gyd dan eu harfau
 Fel byddin yn barod i'r gad
Yn dyfod drwy'r Oerddrws i Fawddwy
 I ymlid y Gwylliaid o'r wlad.

O drothwy ei fwthyn caregog
 Ap Siencyn edrychai yn syn
Wrth weled y Barwn a'r Siryf
 Yn ymdaith â gosgordd fel hyn;
Ap Siencyn—ysbïwr y Gwylliaid—
 A ofnodd, a gwelwodd ei foch,
A rhedeg a wnaeth yn ei ddychryn
 I wersyll y Gwylliaid Coch.

Disgynnai yr eira'n gawodydd
    Ar filwyr Syr John yn y glyn,
Pob milwr fel petai'n felinydd,
    Ei arfwisg yn ddisglair a gwyn;
Ond toc o gilfachau y mynydd
    Rhyw eraill gawodydd a ddaeth,
A gwelwyd rhosynnau yn gwrido
    Ar fronnau a wanwyd â'r saeth.

John Wyn ap Meredydd o Wydir
    A gododd ei gleddyf uwchben,
A'i wŷr ar ei archiad a yrrodd
    Eu saethau i fyny i'r nen;
Ac yna y dringo dros greigiau
    Â bwyeill, cleddyfau, a ffyn,
Yr ymlid drwy ddrysni y Dugoed,
    A'r hela dros ddyffryn a bryn.

Y Gwylliaid a chwalwyd mewn dychryn,
    Fel truain lwynogod ar ffo,
Heb iddynt ymgeledd yn unman,
    Na llety na ffrind drwy y fro,
(Y dynion yn lladd ac yn erlid,
    Y gwragedd yn wylo yn drist,
A dydd y Nadolig yn nesu,
    Dydd Geni y Baban, y Crist).

Gwae! Gwae! i Wylliaid y Mawddwy,
    Fe'u daliwyd, fe'u rhwymwyd yn dynn—
A chrogwyd ugeiniau ohonynt
    Ar gangau y deri a'r ynn;
Mor ofer y cri am drugaredd,
    'Rôl ymlid mor galed a phoeth,
Mor ofer wylofain y mamau,
    Ac ymbil eu bronnau noeth.

'Arbedwch, arbedwch fy meibion,'
    Dolefai y fam yn ei gwae;
Y Barwn a droes ar ei sawdl,
    A'i filwyr a grogodd y ddau.
Y fam a ddyrchafodd ei llygaid
    A'i breichiau melynddu i'r nef,
Gan dyngu i'r duwiau y mynnai
    Gael dial eu gwaed arno ef.

Y gaeaf a guddiai â'i wenwisg
    Y creigiau didostur a du,
Ond nid mwy didostur y creigiau
    Na chalon y Barwn a'i lu;
Y gigfran a gafodd ei gwala,
    A swrth oedd yr eryr a'i gyw
O fwyta o ffrwyth y crocbrennau
    A safai yng nghysgod y rhiw.

John Wyn ap Meredydd o Wydir
    Ddychwelodd yn llawen i'w blas,
John Wyn ap Meredydd a'i filwyr,
    O hela y Gwylliaid cas,
A'r Barwn a Siryf Trefaldwyn,
    Yn chwerthin yn uchel a hir,
Wrth deithio yn ôl drwy yr Oerddrws,
    'Rôl ymlid y Gwylliaid o'r tir.

2

Cyn hir yr oedd Brawdlys ym Maldwyn,
    A'r Barwn ddychwelai o'r llys,
I'w hafod ger hen dref Dolgellau,
    Drwy ddrysni y Dugoed ar frys;
A'r Gwylliaid a wybu ei ddyfod,
    A chofiwyd diofryd y fam,
A chlywyd y meirw yn galw
    O'u beddau am ddial y cam.

Yng nghanol y perthi y safent,
   Bob un gyda'i fwa yn dynn,
Ac Owain, y Barwn, yn nesu,
   Mor falch ar ei geffyl gwyn;
Ac yna yn sydyn daeth cawod
   O saethau—ni wyddid o b'le—
Ac Owain, y Barwn, a drawyd
   Ar afal ei lygad de.

Y Barwn clwyfedig orweddai
   Wrth ochr ei farch ar y llawr,
Y Barwn clwyfedig riddfannai,
   A phoenau ei enaid oedd fawr;
A brodyr y ddeuddyn a grogwyd
   Wrth reffyn ar dderi'r rhiw,
A olchodd eu dwylo yng ngwaedlif
   Y Barwn—ac yntau yn fyw.

Diofryd y fam a gyflawnwyd,
   A hithau a giliodd i'w bedd;
Mae'r meirw ym Mynwent y Gwylliaid
   Yn gorwedd ers talwm mewn hedd;
Bro Mawddwy a gafodd ymwared,
   A'r gaeaf a seinia yn groch
Ei utgyrn dros drumau yr Oerddrws
   A beddau y Gwylliaid Coch.

RHYFELWYR

1

'Ble'r wyt ti'n mynd, y bachgen dewr,
 I b'le'r wyt ti'n mynd mor llon,
        Ar dy winau farch,
        Gyda'th darian gref,
 A'th loyw waywffon?'

'Mi welais gynnau y bannau'n goch
 Gan fflamau'r goelcerth fawr,
        'Rwyf innau'n mynd,
        Ar fy ngwinau farch,
 I Gatraeth gyda'r wawr.'

'Mae'r praidd heb fugail, y bachgen ffôl,
 Yn crwydro'r mynydd mawr;'
        'Ni'm dawr am y praidd,
        Mae'n rhaid i mi fynd,
 I Gatraeth gyda'r wawr.'

2

'I b'le 'rwyt ti'n mynd, y bachgen hoff,
 Mor heini dy gam drwy'r dref;
        Gyda'r seindorf bres,
        Yn dy newydd wisg,
 Â'th wn ar dy ysgwydd gref?'

'Mi glywais sôn am ryw frwydro mawr,
Yn Fflandrys tu hwnt i'r don;
        'Rwyf innau'n mynd
        Gyda'r bechgyn dewr,
I ganol y frwydr hon.'

'Mae'r arad' draw ar y dalar werdd
Yn dy aros, y bachgen hoff;'
        'Na'r—fidog i mi,'
        Meddai'r talgryf lanc,
'A'r arad' i'r hen a'r cloff.'

3

Hir, hir, yw'r cri o Gatraeth bell
I Fflandrys tu hwnt i'r don,
        Ond mae'r utgorn clir,
        Drwy yr oesoedd hir
Yn galw'r bechgyn llon.

Tra bo gwaed yn goch, a'i lif yn chwyrn—
Yn chwyrn drwy y gwythi poeth—
        Ofer yn wir,
        Drwy yr oesoedd hir,
Yw cyngor yr hen a'r doeth.

A chlywir o hyd eu hymdaith hwy,
A'u sang ar y palmant oer,
    Eu canu pêr,
    Dan y distaw sêr,
A'u llwon o dan y lloer.

Ar eu holaf hynt ar eu gwinau feirch,
  Gyda'r waywffon a'r cledd;
    Drwy y dur a'r tân,
    A'u rhegfeydd a'u cân,
  Ar eu hynt yn llym eu gwedd;
    Gyda'r gynnau croch
    Dros y meysydd coch,
I fri neu i gynnar fedd.

Y gwynt a chwyth dros eu beddau hwy,
  A'r gwlith a'r glaw a'u gwlych;
    A'u hun fydd hir
    Dan y glaswellt ir
  Lle pawr y march a'r ych;
Y gwŷr a aeth—gyda'r cledd a'r saeth
  I Gatraeth gyda'r wawr,
Yn rhengoedd hir drwy Fflandrys dir
A chur y Rhyfel Mawr.

CWNINGOD

Dwy gwningen fechan
   Yn eistedd ger y llwyn—
Un yn gwrando'n hapus
   Ar gân yr adar mwyn,
A'r llall â'i phawen felfed
Yn rhwbio blaen ei thrwyn.

Dwy gwningen fechan
   Yn ffoi drwy'r borfa las,
Eu calon yn eu gyddfau,
   A Mic, y milgi cas,
Yn rhedeg ar eu holau
   Ar chwiban Deio'r gwas.

Un gwningen fechan
   Dan goeden yn y llwyn,
Yn crio am ei chyfaill
   Yng ngolau'r lleuad fwyn,
Gan godi'i phawen felfed
   A rhwbio blaen ei thrwyn.

Y GATH DDU

Mae'n gorwedd ar yr aelwyd
   Yn swrth ond hardd ei llun,
Heb un ysmotyn arni,
   Fel darn o'r nos ei hun;
Ac yno mae'n breuddwydio
   Ei bod ar hirddydd haf
Wrth fôr o hufen melyn
   Lle'r heigia pysgod braf.

Mae'n grwnan ac yn grwnan,
    Yn isel wrth y tân,
A'r tegell yntau'n mynnu
    Ymuno yn y gân;
Mae'r crochan ar y pentan,
    Bydd hwn yn ffrwtian toc;
A mwmian wrtho'i hunan
    Mae pendil yr hen gloc.

Daw Robin Goch i 'sbïo
    Drwy'r ffenestr arni'n hy,
A'r llygod swil i chwarae
    Yng nghonglau pella'r tŷ;
Heb ofn na dychryn arnynt;
    Ond gwae i'r truan ffôl,
Os cwyd yr heliwr cadarn
    I ymlid ar eu hôl.

Fe'i gwelais un diwrnod
    Yn mynd ar ysgafn droed;
Ymlusgai yn llechwraidd,
    A llithrai rhwng y coed;
Ymlusgo—oedi ennyd—
    Ac yna sydyn lam,
Tra fflachiai'r cleddau arian,
    A'r llygaid aur yn fflam.

Ond heddiw, nid rhaid ofni,
    Mae'n gorwedd wrth y tân,
A heddwch fel yr afon,
    Yn llenwi'r gegin lân;
Mae'r Robin ar y ffenestr,
    A'r llygod yn cael sbri,
A'r llygaid aur fel gemau
    Mewn blychau eboni.

MORYS Y GWYNT

Morys y Gwynt â'i ddwyfoch goch,
Yn neidio a dawnsio a gweiddi'n groch;
Ac Ifan y Glaw yn eistedd yn brudd,
A'r dagrau yn llifo i lawr ei rudd.

Dagrau Ifan yn disgyn i lawr
Ar flodau bychain a phrennau mawr;
A'r Haf â'i lestr aur yn ei law
Yn casglu dagrau Ifan y Glaw.

'Morys y Gwynt ar ei geffyl gwyn
Yn gyrru ar garlam i lawr y glyn,
Ei utgorn arian a'i delyn fwyn,
A'i chwerthin mawr yng nghoed y llwyn.

'Morys y Gwynt, i ble 'rwyt ti'n mynd?'
'I sychu dagrau Ifan fy ffrind,
I'w dwyn ar fy march ymhell dros y bryn,
I'w wely plu yn y cwmwl gwyn.

'I'w neuadd wych yn ei uchel blas,
A'i muriau o berl a saffir glas;
Lle daw'r haul i wau â'i euraid law
Ei fwa dros wely Ifan y Glaw.'

HWYADEN

'Dyro i ni gân, hwyaden,'
    Medd mwyalchen melyn big;
'Gad dy lyn a thyrd i'r goeden,
    Yma i ganu ar y brig.'

'Cân ni feddaf,' medd hwyaden,
    'Taw, fwyalchen, taw â'th stŵr;
Beth pe deuit ti o'th goeden
    Yma i nofio ar y dŵr?

'Ti a gefaist ddawn i ganu,
    Purion ddawn, mae hynny'n siŵr;
Cefais innau ddawn i nofio—
    Llyna ddawn uwch llyn o ddŵr.

'Cân ymlaen, mi nofiaf innau,
    Hyn a fynn yr Hwn a'n gwnaeth
Yn fwyalchen a hwyaden—
    Taw â'th gellwair, gyfaill ffraeth.'

Y GOEDEN NADOLIG

Ar ganol bwrdd y parlwr
    Fe dyf y goeden hardd,
Ac arni ffrwyth nas gwelwyd
    Ar un o brennau'r ardd;
Mae yno farch a modur,
    A chi, a llong, a thrên,
A doli fawr las-lygad,
    Balŵn ac eroplên.

Mae yno filwr hefyd
    Yn cario'i utgorn plwm,
A llongwr llaes ei lodrau
    Yn pwyso ar y drwm;
Ac ar ei lwyfan brigwyn
    A'i wasgod fel y tân,
Mae Robin yntau'n sefyll
    Yn barod i roi cân.

Ust! tewch!—mae'r milwr bychan
    Yn chwythu'r utgorn plwm,
A'r llongwr llaes ei lodrau
    Mewn hwyl yn curo'r drwm;
A Robin yn ymsythu,
    Gan ddechrau ar ei gân,
A minnau'n deffro'n sydyn
    O'm trwmgwsg wrth y tân.

GUTO BENFELYN

Guto benfelyn o Dyddyn-y-celyn,
   A Gwenno o Dyddyn-y-gwynt,
      A aeth un diwrnod,
      I chwarae i'r tywod,
   Yn ysgafn a llawen eu hynt—
Guto benfelyn o Dyddyn-y-celyn,
   A Gwenno o Dyddyn-y-gwynt.

Hwy welsant y llongau yn mynd dros y tonnau,
   A'u hwyliau yn chwarae'n y gwynt,
      A llawer gwylan
      Benchwiban yn hofran
   A hedfan yn simsan ei hynt—
A diwrnod i'w gofio oedd hwnnw i Guto,
   A Gwenno o Dyddyn-y-gwynt.

Castell o dywod, a ffos yn ei waelod,
   A'i faner yn chwifio'n y gwynt,
      A chlawdd i'w amddiffyn
      O wmon a chregyn
   I atal y llanw, a hynt
Holl lengoedd y gelyn, wnaeth Guto benfelyn,
   A Gwenno o Dyddyn-y-gwynt.

A'r tonnau a ruodd, a'r castell a gwympodd,
   A'r llanw a ruthrodd yn gynt,
      Gan ddwrdio a gwylltio
      A'r wylan yn crio,
   Bron syrthio mor simsan ei hynt—
Ond chwerthin, a chwerthin, wnaeth Guto benfelyn
   A Gwenno o Dyddyn-y-gwynt.

Y DDWY ŴYDD DEW

Hen ŵr bychan
    A dwy ŵydd dew
Yn mynd tua'r farchnad,
    Drwy'r eira a'r rhew;
Yr hen ŵr bychan
    Yn chwerthin yn braf,
A'r ddwy ŵydd druan
    Yn teimlo'n reit glaf.

'Ddown ni byth yn ôl,'
    Meddai'r ddwy ŵydd dew;
'Fe'n gwerthir ni heddiw
    Am bris go lew;'
A gwerthwyd y gwyddau
    I gigydd mawr tew,
Y diwrnod hwnnw,
    Am bris go lew.

Yr hen ŵr bychan
    A'i logell yn llawn,
Ddaeth yn ôl i'w dyddyn
    Yn hwyr y prynhawn,
Ei lygaid yn loyw,
    A'i dafod yw dew,
'Myn dyn,' meddai ef,
    'Cefais bris go lew.'

Ac ymaith â'r gwyddau
    Yn rhwym yn y drol;
A'r cigydd a'u lladdodd
    Heb ragor o lol;
A dyna oedd diwedd
    Y ddwy ŵydd dew,
Aeth i ffair y Nadolig,
    Drwy'r eira a'r rhew.

— Y FANTELL FRAITH —

1

Eistedded pawb i lawr
   I wrando arna' i'n awr
Yn dweud yr hanes rhyfedd
   Am bla y llygod mawr:
Am helynt flin Llanfair-y-Llin,
   Ar lannau afon Gennin,
Cyn geni'r un ohonoch chwi
   Na thaid i daid y brenin.

2

Llygod!
O! dyna i chwi lygod, yn haid ar ôl haid,
Yn ymladd â'r cathod a'r cŵn yn ddi-baid;
Yn brathu y gwartheg a phoeni y meirch,
A rhwygo y sachau lle cedwid y ceirch;
Yn chwarae eu campau gan wichian yn groch,
A neidio o'r cafnau ar gefnau y moch;
Yn tyllu trwy furiau o gerrig a chlai
   I barlwr a chegin,
   Ysgubor a melin;
Yn torri i'r siopau, yn tyrru i'r tai,
Yn rhampio trwy'r llofftydd, yn cnoi trwy'r parwydydd,
Ac eistedd yn hy ar y cerrig aelwydydd,
   Gan wichian a thisian,
   A herian a hisian,
Ar ganol ymddiddan y forwyn a'r gwas;
   Yn dringo i'r distiau,
   A neidio o'r cistiau,
A heidio ar risiau y bwthyn a'r plas;
'Sgyrnygu eu dannedd ar fonedd a thlawd,
A bwyta eu bara, a d'wyno eu blawd;

A dryllio barilau
    Mewn dyfnion selerau
Nes boddi o'r lloriau mewn cwrw a gwin.
Pa ryfedd bod newyn yn Llanfair-y-Llin?
        Yn wir, nid oedd 'menyn
        Na chosyn caws melyn
Na bara nac enllyn yn Llanfair-y-Llin:
        Ond llygod mawr pygddu
        Yn rhythu a gwgu,
A phawb ar fin llwgu yn Llanfair-y-Llin!

3

Eisteddai y Cyngor yn Neuadd y Dref,
Mewn dygn anobaith, yn isel eu llef;
Mewn dryswch a phenbleth pa beth i'w wneud,
Mewn dryswch a phenbleth pa beth i'w ddweud,
Yn gwelwi, yn crynu wrth glywed rhu
A lleisiau bygythiol y dicllon lu
Oedd ogylch y Neuadd, yn dyrfa flin,
I fynnu gwell rheol yn Llanfair-y-Llin.
'Beth?' Talu ein trethi i ffyliaid fel hyn,
A'u gwisgo mewn porffor a melyn a gwyn,
A hwythau yn methu ein gwared rhag pla
Y llygod sy'n ysu a difa ein da!'
Ar hyn dacw rywun yn curo yn daer
Ar ddrws yr ystafell. Cyfododd y Maer;
Gwrandawai yn astud,—mae'r Cyngor yn awr
Yn credu bod Pennaeth y Llygod mawr
Wrth law â holl lengoedd ei fyddin gref
I ofyn am einioes Cynghorwyr y Dref!
Distawrwydd am ennyd;—ac yna yn y man,—
'D-o-w-c-h i m-e-w-n,' meddai'r Maer a'i leferydd yn wan;
Ac i mewn y cerddodd ar ysgafn droed
Y creadur rhyfeddaf a welwyd erioed.

Ei wallt yn hirllaes a chyn wynned â'r gwlân,
Ei drwyn fel bwa a'i lygaid yn dân
Am funud: ac yna mor llon
Â llygaid bachgennyn diofal ei fron;
Ei gorff yn lluniaidd a llyfn oedd ei ên,
Yn fachgen, yn llencyn, yn hen ŵr hen;
A chraffu mewn syndod wnâi Maer y Dref
A'r Cyngor i gyd ar ei fantell ef.
Ni welwyd ei thebyg erioed o'r blaen
Ond ar beunod balch pan fo'u plu ar daen,
Ac ni roes yr Hydref i'r cwm na'r coed
Fantell cyn hardded â hon erioed.

4

Amneidiodd am osteg. Ei lais oedd mor fwyn
Â bwrlwm yr aber yn nyfnder y llwyn.
'Chwi—Faer a Chynghorwyr Tref Llanfair-y-Llin—
Hysbyswyd fi, neithiwr, o'ch helynt flin,
A dyma fi'n unswydd, heb oedi, ar lam
O gyrrau pellennig ac unig Sïam
I wared eich ardal o'i blinder a'i phla
O lygod mawr rheibus sy'n difa eich da.

Gyda hon,' meddai ef—a gwelodd y Maer
Rhwng plygion ei fantell ei delyn glaer—
'Medraf yrru yn ebrwydd bob aflwydd o'ch plith,
Boed amlwg neu ddirgel, beth bynnag fo'i rith.
A gaf i eich cennad i'ch gwared o'r pla
Sy'n poeni'r preswylwyr a difa eu da?'

'Beth yw dy bris? Pa faint fydd y bil?'
Meddai'r Maer, a daw'r ateb yn swil,
'Cewch wared o'r llygod i gyd a'u hil
Am bymtheg cant.'
                          'Cei bymtheng mil!
Meddai'r Maer: a'r Cyngor yn unfryd a llon
A roddodd eu sêl ar y fargen hon.

5

I lawr y grisiau marmor
   O Neuadd fawr y Dref,
Y cerddodd y telynor
   A'r Cyngor gydag ef;
Hwy yn eu gwisgoedd porffor,
   Ac yntau ar y blaen,
A'i fantell hardd symudliw
   Fel machlud haul ar daen.

Ymaflodd yn ei delyn,
   A'i fysedd meinion gwyn
Yn hudo miwsig allan
   Yn ffrwd o'r tannau tyn;
A'r dyrfa fawr a glywai
   Ryw derfysg oddi draw,
Fel cenllysg trwm yn curo
   Neu sydyn gafod law;
A'r llygod yn ymdywallt
   I ganol Sgwâr y Dref,
Gan rym cyfaredd ryfedd
   Ei delyn hudol ef.

6

Llygod!
O! dyna i chwi lygod a dyna i chwi swn!
Rhai cymaint â chathod, bron cymaint â chŵn;
Rhai duon, rhai llwydion, rhai melyn, rhai brith,
Yn lluoedd afrifed cyn amled â'r gwlith;
     Rhai gwynion, rhai gwinau,
     Rhai tewion, rhai tenau,
Yn rhuthro i'r golau o'r siopau a'r tai,
Gan dyllu trwy furiau o gerrig a chlai;
     Rhai mawrion, rhai bychain,
     Yn hisian a thisian,

A rhedeg dan wichian at Neuadd y Dref,
Ac yno yn heidio, yn dawnsio a neidio
Wrth nodau deniadol ei delyn ef;
Dilynent y delyn dros briffordd y Brenin
At hen afon Gennin, i ymyl ei lli,
Ac yna'n eu bwrw eu hunain i'w lli.
    Y fyddin fileinig
    O lygod mawr ffyrnig
Yn llamu yn llawen i ganol ei lli!!
    A'r afon yn chwyddo
    A hwythau yn suddo,
Yn suddo am byth yn ei dyfroedd hi!

Ac O! y llawenydd yn Llanfair-y-Llin!
Y canu a'r bloeddio yn Llanfair-y-Llin!
    Banerau yn chwifio,
    A chlychau yn seinio,
A'r bobl yn dawnsio yn Llanfair-y-Llin,
    Yn dawnsio a bloeddio,
    Yn chwerthin a chrio,
A rhai yn gweddïo yn Llanfair-y-Llin!

7

Fe ddywaid yr hanesydd
    Mai un llygoden ddu
Yn unig a achubwyd
    O'r dirifedi lu;
Ac iddi cyn ei marw
Roi i lawr ar gof a chadw
    Hanes yr hyn a fu.
A dyma a ddywedodd
    Yr hen lygoden ddu: —

'Wrth edrych ar ei fantell a gwrando'i delyn fwyn,
Ymrithiai caws a 'menyn yn union dan fy nhrwyn.
Fe beidiai'r cŵn â'u cyfarth, a'r cathod oll yn ffoi,
A holl gypyrddau'r ddaear ar unwaith yn datgloi;
A'r rheini'n llawn o fara a'r seigiau gorau erioed
O felyn rawn y meysydd a ffrwythau ir y coed.
Ac nid oedd prinder mwyach, ond pob llygoden lwyd
Am byth uwchben ei digon o ddiod ac o fwyd;
A gwelwn afon Gennin yn troi o fin i fin
Yn hufen tew a melyn, yn gwrw coch a gwin;
A'r delyn yn cyhoeddi mai dros ei dyfroedd hi
Yr oedd Paradwys Llygod a Nefoedd Wen i ni.

Mi geisiais nofio'r afon at y Baradwys Wen,
Ond llifodd afon Gennin a'i dyfroedd dros fy mhen.'

8

A thrannoeth yn fore ger Neuadd y Dref
Mae'r Maer a'r Cynghorwyr yn uchel eu llef,
Yn siarad â'i gilydd a chwerthin yn llon,
A'r Maer yn torsythu a churo ei fron:
(Un tew oedd y Maer ac yn foel ei ben,
Gŵr bychan a byr ond un pwysig dros ben).
Mae'n codi ei lais ac yn edrych draw,
Yn pesychu'n drwm ac yn codi ei law;
A'r bobl yn tyrru at Neuadd y Dref
Yn eiddgar i glywed ei eiriau ef.
Yn sydyn distawodd y cyffro a'r stŵr!
Pwy sydd yn dynesu ? Ha! Wele y gwr
Yn ei fantell frithliw'n ymwthio gerbron
Y Maer a'r Cynghorwyr a'r dyrfa lon.

Yn foesgar ymgrymodd a gwên ar ei fin,
Ei lygaid yn dyner a'i lais fel y gwin: —
'Chwi—Faer a Chynghorwyr Tref Llanfair-y-Llin—
A fyddwch chwi cystal â thalu fy mil,
Sef y pymtheg cant?' gofynnai yn swil.
'Beth!' Meddai'r Maer, gan chwerthin yn braf,
'Dy bymtheg cant! Y dihiryn! Y cnaf!
Dos ymaith ar unwaith a chymer dy hynt,
Efallai y rhoddwn it bymtheg punt.
Mae popeth drosodd a phopeth yn dda.
A diwedd am byth ar y llygod a'r pla.
Oni welais hwy'n suddo i'r afon, fy hun,
Pob copa ohonynt? Do'n siŵr, neno'r dyn!
Fe foddwyd y cwbwl ac ni ddônt yn ôl,
Ar arch yr un dewin. Yn awr na fydd ffôl,
Ond cymer yr arian, a hynny'n chwim,
Neu'n wir, ar fy llw, ni roir iti ddim.'

(A dweud cyfrinach rhwng brawd a brawd
'Roedd Llanfair yn wir, yn eithaf tlawd;
Y coffrau'n wag a'r trethi'n drwm
Ar ôl gwastraffu llawer swm
Ar fympwy'r Maer, ar win a medd,
A mynych ddawns a mynych wledd;
Ar deithio pell heb unrhyw raid,
A phrynu ffafar plaid a phlaid;
Ar wisgoedd gwychion drud i'r Maer;
A beth am neithior merch ei chwaer?
Fe gostiodd honno fwy na mwy,
A'r gost i gyd ar dreth y plwy.)

10

Ymwingai y gŵr dan y ddichell a'r cam,
Yn finiog llefarai â'i lygaid yn fflam: —
'Mi roddaf un cynnig eto i chwi
I dalu yn llawn eich dyled i mi
Yn deg ac yn gyfiawn, a hynny'n chwim,
Y pymtheg cant neu ynteu ddim.
Mae gennyf gennad i fynd ar lam
Yn syth oddi yma i dueddau Assam,
I wared tywysog gonest a da
Rhag nadroedd gwenwynig a heintus bla.
Dowch! Telwch ar unwaith; neu mi drawaf dant
Nas anghofir byth gennych chwi na'ch plant.'

Ond ffromodd y Maer dan ei eiriau ef,
A chododd ei ddwylo a chododd ei lef: —
'Dos ymaith y cnaf, neu'n siŵr i ti
Mi yrraf y cŵn ar dy warthaf di.'

11

I lawr yr heol lydan
  Y cerddai'r gŵr yn awr
O ŵydd y Maer a'r Cyngor
  A heibio i'r dyrfa fawr.
Gafaelodd yn ei delyn,
  A'i fysedd hirion gwyn,
Yn hudo miwsig allan
  Fel mêl o'r tannau tyn;
A'r dyrfa fawr a glywai
  Sŵn canu oddi draw,
A'r plant yn llifo allan
  O'r drysau ar bob llaw,
Gan dyrru yn eu miloedd
  I ganol Sgwâr y Dref,
Ar alwad seiniau swynol
  Ei delyn hudol ef.

Plant!
O! dyna i chwi blant!   Tyrfaoedd direol
Yn brysio o bobman i ganol y heol;
Yn rhedeg, yn trotian, yn cerdded, yn cropian,
Pob llun a phob oedran yn ddiddan a llon;
    A'u gruddiau rhosynnog,
    A'u pennau bach cyrliog,
A'u llygaid chwerthinog cyn lased â'r don:
Genethod a bechgyn yn dawnsio wrth ddilyn
Y cerddor a'i delyn at ymyl y dŵr,
    Dros briffordd y Brenin
    Hyd at lannau Cennin;
Ac yna, arafodd a safodd y gŵr;
    A'r bobl yn synnu,
    Yn gwelwi a chrynu;
Ond heibio i'r afon y cerddodd y gŵr;
    I fyny i'r mynydd,
    A'r plant mewn llawenydd
Yn dilyn o hyd yn ei gamau ef;
    Yn rhedeg, yn trotian,
    Yn cerdded, yn cropian,
Heb falio am degan na dim dan y nef
Ond miwsig dihafal ei delyn ef;
    A'r mynydd yn agor
    O flaen y telynor
Ac yntau yn arwain ei fintai i'w gôl!
    Y gruddiau rhosynnog,
    Y pennau bach cyrliog,
Ac ni ddaeth na bachgen na geneth yn ôl!

Ac O! y galaru yn Llanfair-y-Llin!
Y cwyno a'r wylo yn Llanfair-y-Llin!
Y siopau'n gaeëdig a'r llenni i lawr,
A'r bobl yn tyrru i'r eglwys yn awr:
    Y mamau a'r tadau,
    Â'u gruddiau yn ddagrau,
Yn plygu eu pennau, yn plygu y glin,
A phawb yn gweddîo yn Llanfair-y-Llin.

13

Ond dywaid yr hanesydd
   Am un amddifad hoff
A fethodd ddringo'r mynydd,
   Sef Huw, y bachgen cloff.
A byddai Huw yn adrodd
   Â dagrau ac â gwên,
Hanes y diwrnod hwnnw
   Wrth ifanc ac wrth hen.

'Chwaraewn,' meddai'r bachgen, 'â rhai o'm ffrindiau hoff
A fyddai'n dyner beunydd wrth Huw, y bachgen cloff;
A gwelais yn mynd heibio ryw ŵr mewn mantell glaer
Na welais i mo'i thebyg erioed ar gefn y Maer.
Fe redodd fy nghyfeillion ar unwaith ar ei ôl,
A cheisiais innau ddilyn, a Siôn, yr hogyn ffôl,
Yn gafael yn fy mreichiau; ond dyna Siôn yn mynd,
A minnau ar yr heol fy hunan, heb un ffrind.
Ar hyn mi glywais ganu, a thelyn fwyn ei thant
Yn sôn am fröydd tirion Paradwys Wen y Plant;
Ac am ei llethrau tawel, ei dolydd glas a'i choed,
A'i chwrlid hardd o flodau na bu ei bath erioed;
Am adar pêr yn nythu ym mrigau'r cangau mawr,
A ffrwythau cochion aeddfed yn hongian hyd y llawr;
Am wenyn aur ei gerddi a brithyll chwim ei lli,
A'r meirch â'u carnau arian ar ei heolydd hi.
Fy nghalon o lawenydd ddychlamai dan fy mron
Wrth wrando'r delyn seinber yn sôn am degwch hon—
Y Wlad tu hwnt i'r mynydd! Ac, O! mor wyn fy mryd
Pe gallwn rywfodd gyrraedd un o'i chilfachau clyd!
Y Wlad tu hwnt i'r mynydd, a'i llwyni byth yn wyrdd,
Bro'r Tylwyth Teg a'r Cewri a Rhyfeddodau fyrdd;
Lle'r oedd teganau ddigon a gwisgoedd o bob lliw,
A phawb o'i mewn yn llawen heb neb o dan ei friw;
Lle rhoddid synnwyr eto i Siôn, fy nghyfaill hoff,
A lle na byddwn innau byth mwy yn fachgen cloff.

Mi geisiais ddilyn camau y gŵr â'r fantell fraith,
Ond Och! ni fedrwn redeg na cherdded llawer chwaith;
A gwelais fy nghyfeillion a'r gŵr yn ymbellhau,
A phyrth y wlad yn agor a phyrth y wlad yn cau;
A mi fy hunan yno, heb un o'm ffrindiau hoff,
Yn Huw, y bachgen unig, a Huw, y bachgen cloff.

14

Ar hyd a lled y gwledydd
    Anfonwyd gan y Maer
Genhadon gannoedd lawer
    Ar ymchwil hir a thaer.
Ond ofer fu'r holl chwilio—
    Ni ddaeth y gŵr yn ôl,
Er gwobrau ac ymbiliau
    Y Maer a'r Cyngor ffôl.

A'r mamau trist a'r tadau
    Mewn hiraeth ddydd a nos,
Am bennau bychain cyrliog,
    A gruddiau fel y rhos;
Ac ni ddaeth un ohonynt
    Byth mwy yn ôl i'r dref,
'Rôl clywed miwsig rhyfedd
    Ei delyn swynol ef.

A dyna ddiwedd hanes
    Y gŵr â'r fantell fraith,
A'r delyn ryfedd honno,
    A'i swynol hudol iaith—
Y llygod mawr a'r Cyngor,
    A'r Maer anonest, ffôl,
A'r pennau bychain cyrliog
    Na ddaethant byth yn ôl.

— CASGLIAD Y GWIN —

Y GWIN

Pe cawn fy hun yfory
    Yn llencyn deunaw oed,
Â'r daith yn ailymagor
    O flaen fy eiddgar droed,
Ni fynnwn gan y duwiau
    Yn gysur ar fy hynt
Ond gwin yr hen ffiolau
    A brofais ddyddiau gynt.

Trigo yng Nghymru annwyl
    Yn sŵn yr heniaith dlos:
Cae'r chwarae a'r Eisteddfod
    A gwyn Sabbathau'r Rhos;
Gorchwyl, a nerth i'w ddilyn,
    A'r ddawn i'w wneud yn llwyr,
A chi, a llyfr a chyfaill
    Yn gwmni gyda'r hwyr.

Cael gwylio y tymhorau
    Ar hynt dros faes a ffridd,
A theimlo cyffro'r gwanwyn
    Yn cerdded trwy fy mhridd:
A'r cyffro arall hwnnw
    A deimlais ar fy rhawd,
Na ŵyr y pridd amdano,
    Yn datod rhwymau'r cnawd.

Ond ofer ydyw disgwyl
    Y dyddiau pell yn ôl,
A thorri mae'r ffiolau
    Yn nwylo'r prydydd ffôl:
A'i weddi yw am gymorth
    Pan ballo'r melys win,
I ddrachtio'r gwaddod chwerw
    Heb gryndod ar ei fin.

Y GWESTY GWYN

Ni pherthyn imi wybod
   Na'r gwae na'r gwynfyd chwaith
A ddichon ein cyfarfod
   Yfory ar y daith.
Stormydd y gelltydd geirwon,
   Ofnau a gloes y glyn,
Neu'r wledd a'r cwmni diddan
   Wrth dân y gwesty gwyn.

Ond teithio yn hyderus
   A wna y dyrfa lon
Sy'n gwybod am gysuron
   Ei wialen Ef a'i ffon,
Gerllaw y dyfroedd tawel
   Trwy ddychrynfeydd y glyn,
I'r arlwy sy'n eu haros
   Ar ford y Gwesty Gwyn.

Y RHOSYN

Fel hen dafarnwr rhadlon
   Bu'r haul drwy'r hir brynhawn
Yn rhannu'i winoedd melyn,
   A'i westy llon yn llawn.
'Roedd llygaid gloywon yno
   A llawer gwridog fin;
A choch gwpanau'r rhosyn
   Oedd lawn o'r melys win.

Cyn hir fe gaeodd yntau
   (Yr hen dafarnwr llon)
Ei windy, ac fe giliodd
   I'w wely dan y don.

A thrwy y nos bu'r rhosyn
  Yn sibrwd dan y sêr
Wrth bob rhyw awel grwydrad
  Am rin y gwinoedd pêr.

BLODAU'R GWYNT

O ddu leiandy'r gaeaf
  Y dônt, yn dyrfa wen,
A gwyntoedd Mawrth yn gyrru,
  A'r brigau'n llwm uwchben.
Yn unigfeydd y goedlan
  Yr oedant ar eu hynt,
A thegwch eu gwyryfdod
  A ddena serch y gwynt.

Fe ddaw i sibrwd wrthynt
  Ei gyfrinachau mwyn,
A dawnsiant yn ei freichiau
  Yn encilfeydd y llwyn.
Daw'r haul a'r gawod heibio
  I'w cyfarch ar eu hynt,
Ond gwell, mil gwell, yw ganddynt:
  Gusanau gwyllt y gwynt.

Wyryfon hoff, cewch wybod,
  Fel llawer morwyn ffôl,
Am wynfyd serch a'i ddolur,
  Cyn mynd i'r pridd yn ôl
Yn welw a thoredig—
  A daw i ben eich hynt:
Y fer garwriaeth felys,
  A gwyllt gusanau'r gwynt.

Y BLODAU MELYN

A minnau'n blentyn pumlwydd
  Ar erwau'r tyddyn hen,
Fe dyfai'r blodau melyn
  Nes cyrraedd at fy ngên.

Ymhen rhyw deirblwydd wedyn
  A'm rhodiad megis dyn,
Fe dyfai'r blodau melyn
  Nes cyrraedd at fy nghlun.

Mor bitw'r blodau heddiw,
  A'r byd, O! mor aflêr;
Prin y mae'r blodau heddiw
  Yn cyrraedd at fy ffêr.

Na hidier: pan ddêl troeon
  Y byd i gyd i ben,
Pryd hynny bydd y blodau
  Yn chwifio uwch fy mhen.

DYLIFE

Yn Sir Drefaldwyn, lle bu gwaith plwm a chryn brysurdeb un
tro. Ond peidiodd y gwaith a diflannodd y gweithwyr gan
adael llawer o'u ceraint yn y fynwent fach ar gopa'r mynydd.

Ar hedd dy foelydd llwydion
  A'th unigeddau maith,
Fe dorrodd newydd leisiau
  Ac anghynefin iaith.

Nid rhu yr hen ddrycinoedd
  Ar draws dy erwau llwm,
Na llef y chwyrn raeadrau
  Yn llithro i lawr y cwm;

Ond bagad o chwaraewyr
    A ddaeth â'u bost a'u her,
I chwarae ar dy lwyfan
    Eu truan ddrama fer.

Chwerthin, torsythu ennyd
    Yno o flaen y llen,
Wylo ac anobeithio,
    A'r chwarae'n dod i ben.

Hwythau yn myned heibio
    Ar eu diddychwel hynt,
Gan ildio'r llwyfan uchel
    Yn ôl i'r glaw a'r gwynt.

YR HEN LOFA

Ger muriau Parc Syr Watcyn,
    Ar fin y briffordd lefn
Sy'n arwain tua'r Berwyn
    Drwy'r *Green* a phentre'r Cefn,
Bu dynion wrthi'n brysur
    Yn cloddio'r pyllau glo,
A'r mwg a'r llwch yn cuddio
    Glesni a thegwch bro.

Chwyrnellai yr olwynion,
    A chlywid rhonc a rhoch
Gwagenni a pheiriannau,
    A gwich hwteri croch;
Ac ar y llain adwythig,
    Yn garnedd hagar, ddu,
Ymwthiai'r domen rwbel
    Ei phen i'r nef yn hy.

Ond llonydd yw pob olwyn
    A pheiriant erbyn hyn,
A than y rhwd a'r mwswg
    Maent heddiw'n cysgu'n dynn.
Ni chlywir rhu na hisian
    Na gwich un hwter groch,
Ac yn hen Barc Syr Watcyn
    Y pawr yr elain goch.

Fe ddaeth rhyw arddwr heibio
    I wisgo'r domen brudd
Â rhoncwellt tal, a rhedyn,
    A blodau pinc eu grudd.
A heddiw clywais fronfraith
    O ardd y pyllau glo,
Yn moli'r Garddwr hwnnw
    Am adfer tegwch bro.

GLAS Y DORLAN

Troais i mewn i'r neuadd
    Lle cedwir creiriau lu,
Gwelw doredig dystion
    O'r gwychder gynt a fu;
Cawgiau, ffiolau lluniaidd
    A harddodd fyrddau llon
Arglwyddi beilch Assyria,
    Yr Aifft a Babilon.

Sylwais ar faen a mynor,
    Ac arfau'n rhes ar res,
Llestri o aur ac arian,
    Celfi o goed a phres.

Ac yna, yn ddisymwth,
   O gwr ystafell hir
Fflachiodd dy holl ogoniant
   Arnaf drwy'r gwydyr clir.

I'm clyw daeth murmur dyfroedd
   Dros gerrig llyfnion gwyn,
A gwelwn foncyff deiliog
   Yn plygu dros y llyn;
A bachgen bochgoch, troednoeth,
   Yn sefyll ger y lli,
Gan syllu a rhyfeddu
   At wyrth dy degwch di.

Anghofiais holl ysblander
   Ymerodraethau dyn,
Yn ymyl godidowgrwydd
   Campwaith dy liw a'th lun;
A syllais mewn rhyfeddod
   Fel cynt ar fin y lli—
A'r neuadd yn troi'n deml
   I'r Un a'th luniodd di.

Y LLOER

Cyfeiriad at y clip ar yr haul, 1938

Neithiwr cymylwyd,
   Tywyllwyd dy bryd,
Daeth rhyngot a'th arglwydd
   Gysgodion y byd;
Heneiddiodd dy olwg
   A chrymaist dy ben
Yng ngŵydd cynulleidfa
   Ddisgleirwen y nen.

Ond heno, mor gannaid
    A theg ag erioed,
Fe'th welaf yn esgyn
    Uwch brigau y coed
I fynydd dy arglwydd,
    Heb anaf na haint,
Dan wenau ei wyneb
    Y glanaf o'i saint.

YR EURYCH

Mi flinais ar y pentref
    A'i deios tlawd, di-liw,
Ei gapel moel, a'i eglwys
    Ddiaddurn ar y rhiw:

Ei siopau bach, crintachlyd,
    A'i strydoedd gwyrgam, cul.
A dim yn digwydd yno
    Ond Sul yn dilyn Sul.

Ond bellach nid yw'r pentref
    Mor dlawd nac mor ddi-liw,
Ac nid mor foel y capel
    Na'r eglwys ar y rhiw.

A llon a llawn yw'r dyddiau
    Dan eiriau a than wên
Yr eurych a ddaeth llynedd
    I fyw i'r pentref hen.

Nac enwch ddinas Llundain!
    Pwy a'i cymharai hi
Â'r pentref a oreurwyd
    Ag aur fy nghariad i?

Y SIAMPLAR

Gwaith cywrain edau a nodwydd yr
ymhyfrydai ein mamau a'n neiniau ynddo.

Mewn bwthyn moel, di-olwg,
    Y lleiaf yn y wlad,
Yr oedd fy nain yn trigo,
    A hithau'n berchen stad.
'Roedd ganddi blasty melyn
    A'i lawnt o las y nef,
A chaeau gwyrdd lle porai
    Diadell fach ddi-fref.

I'r plas drwy lidiart fechan
    Y rhedai llwybyr gwyn,
Dan gysgod perthi gwyrddlas
    Ymlaen at fin y llyn;
Ac ar y llyn wrth angor
    'Roedd alarch liw y calch,
Ac ar y lawnt ymsythai
    Y ceiliog cribgoch, balch.

Mae'r bwthyn moel yn gandryll,
    A nain sydd yn ei bedd,
Ond erys yr hen blasty
    O hyd yn deg ei wedd,
A'r ceiliog coch, yr alarch,
    A'r caeau gwyrdd di-ddrain
Lle pawr y defaid gwynion
    A greodd bysedd nain.

BREUDDWYDION

Er maint ein serch a'n llwon ffôl
Ddechreunos haf wrth groesi'r ddôl,
I angof llwyr, f'anwylyd dlos,
Y llithraist ti cyn hanner nos.

93

Dan ddieithr sêr mewn dieithr fyd
Un arall deg a aeth â'm bryd.
A thyngu'r un hen lwon ffôl
Â chynt, wnâi dau ar arall ddôl.

'Ha! Breuddwyd,' meddit, 'breuddwyd hwyr.'
'Efallai'n wir; ond pwy a ŵyr
Dan hud a swyn dy degwch di
Nad breuddwyd hefyd ydwyt ti?'

Y BRAIN

*Ar ddechrau mis Mawrth bob blwyddyn
deuai'r carfannau coch a melyn gyda'u
gwŷr a'u merched clebrog i Ffair Rhos.*

'Roedd miri bore heddiw
 Ym mrigau coed y plas,
A chlywais wrth fynd heibio
 Y brain â'u lleisiau cras
Yn galw ar ei gilydd,
 A rhai yn dadlau'n gas.

A chofiais am y fintai
 A ddeuai ar ei hynt
I'n pentre ddechrau gwanwyn,
 I ffeiriau'r dyddiau gynt,
A'i thwrw mawr yn gymysg
 Â sŵn y glaw a'r gwynt.

A gwyddwn fore heddiw
 Wrth wrando yn y glaw
Ar sŵn y fintai gyntaf
 A glebrai mor ddi-daw
Fod mintai fawr y Gwanwyn
 A charafán gerllaw.

PROFFWYDI

Bu'r coed yn ddistaw drwy y dydd
    Yn gwrando lleisiau'r rhai
A fynnai byncio rhwng eu dail
    Dan dirion heulwen Mai.

Ond gyda'r hwyr cymylau du
    Cerbydau'r ddrycin gref
Â'i thanllyd feirch a ddaeth â'u twrf
    Ar hyd palmantau'r nef.

A'r coed â'u gwreiddiau yn y pridd
    A'u pennau tua'r nen,
A glywid mewn cynghanedd glir
    Â lleisiau'r llu uwchben.

Drwy'r nos a'r storm, y rhain o hyd
    A godai uchel lef,
Fel hen broffwydi'r dyddiau gynt
    Dan anadl gwynt y nef.

Y GWANWYN

I fyny'r cymoedd culion
    Dan gangau llwm y coed,
Dros gamfa Ty'n-y-Rhedyn,
    Trwy lidiart Ty'n-y-Coed,
Y daeth ryw hwyrnos dawel
    Ar ysgafn, ysgafn droed.

Ni welaist ei wynepryd
    (Nis gwelodd neb erioed),
Ond gwelaist fel y tyfai
    Y blodau yn ôl ei droed,
Ac fel y llonnai'r ddaear
    Am iddo gadw'r oed.

Felly, i'r oed un hwyrnos,
  A hwythau dan eu clwy',
Yntau a ddaeth, a chiliodd
  Eu gloes a'u gofid mwy,
Am iddynt wybod ddyfod
  Eu Harglwydd atynt hwy.

RHYFEL

'Chwedl hen wrach; ffiloreg
  Yw'r "pryf a'r fflamau syth";
Hunllef y sant yw uffern
  "A'r t'wllwch dudew byth."

'Felly am nad oes uffern
  Gan Dduw ar gyfer dyn,
Ymrôf,' medd dyn, 'i lunio
  Uffern i mi fy hun.'

A heddiw wele ddynion
  Yn ddiwyd wrth y gwaith,
A'r pryf a'r fflamau'n ysu
  Y cyfandiroedd maith.

TWMI

Un o linach yr 'Yr Hen Dwm': 1940

Cymylog ac oriog fore;
  Gwyllt a thymhestlog brynhawn;
Hwyrddydd digwmwl, a'r gorwel
  O ysblander y machlud yn llawn:

Y bore, segurwr y pentre;
  Brynhawn, afradlon y fro;
Yr hwyr, dan ogoniant y machlud
  Ger Dunkirk y ciliodd efô.

Y MALU

Y bomio fu ar y Rhos a'r cylch, Awst 29-30, 1940

Mae terfysg yng ngwersyll y sêr,
 Ac oergri yn rhwygo'r nos;
Mae mynydd Eglwyseg yn fflam
 A lluoedd y fall dros y Rhos.

Yn hofran yn feichiog o wae
 Gan ruo yn ffyrnig a chroch,
Ac uchel ffenestri y nen
 Gan angerdd eu dicter yn goch.

Aruthrol eu rhuthr a'u hwrdd,
 Ysgytir y pentref i'w sail;
Y cedyrn anheddau a syrth,
 A'r caerau a chwelir fel dail.

Fe gryma'r gwŷr cryfion i'r llawr,
 Am loches y dewraf a ffy,
Mewn arswyd o'r curo di-dor
 A'r malu didostur sydd fry.

Ai'r duwiau sydd heno ar waith?
 Ai'r duwiau sy'n malu yr ŷd?
A heuwyd a fedwyd gan ddyn
 Yn fara gofidiau i'r byd?

Y PABI COCH

'Roedd gwlith y bore ar dy foch
Yn ddafnau arian, flodyn coch,
A haul Mehefin drwy'r prynhawn
Yn bwrw'i aur i'th gwpan llawn.

97

Tithau ymhlith dy frodyr fyrdd
Yn dawnsio'n hoyw ar gwrlid gwyrdd
Cynefin fro dy dylwyth glân,
A'th sidan wisg yn fflam o dân.

Ond rhywun â didostur law
A'th gipiodd o'th gynefin draw
I estron fro, a chyn y wawr
Syrthiaist, â'th waed yn lliwio'r llawr.

Y CLYCHAU

*Nid oedd 'Cloch y Llan' i'w chanu drwy'r
wlad yn ystod yr Ail Ryfel Byd 1939-1945.*

Mud ydyw'r clychau heddiw:
   Ni chlywir ar y gwynt
Eu lleisiau'n galw'r bobloedd
   I'r plygain megis cynt.

Herod sydd eto'n ceisio
   Einioes y Baban Crist.
A chlywir llef o Rama,
   Wylo ac ochain trist.

Mae mwg allorau Moloch
   Yn cuddio wyneb nef,
A'r ffyddlon yn hiraethu
   Am olau'i Seren Ef.

Tyred, O, Seren siriol,
   Tyred i arwain dyn
Eto ar lwybrau'r doethion
   At grud y Sanctaidd Un.

RHAMANT

Mor ddifyr ydoedd darllen
    Am frwydrau'r dyddiau fu,
A thithau yn dy gadair
    Yn esmwyth yn dy dŷ.
'Bu galed y bygylu
    A'r hyrddio . . . o'r ddau du.'
O, difyr ydoedd darllen
    Am frwydrau'r dyddiau fu.

Cael eistedd ar dy aelwyd
    Â'th fap a'th bensel blwm,
A dilyn hynt byddinoedd
    A gwylio'r brwydro trwm;
Y llinell gochliw, denau
    Yn herio dur a thân,
Y faner falch yn chwifio
    A'r pibau'n groch eu cân.

'Mor fwyn a melys,' meddit,
    'Cael marw dros eu gwlad;
Eu henwau nid â'n angof
    Fe'u cedwir mewn coffâd.'
A thithau yn eu hannog
    I'r lladdfa yn dy sêl,
I ffosydd Ffrainc a Fflandrys
    A chorsydd Passchendaele.

Ni theimlit wae na dychryn,
    A gwrol oedd dy hynt;
I ti nid oedd ond rhamant
    Ym mrwydrau'r dyddiau gynt.
Rhamant, a thithau'n elwa
    A chasglu aur yn stôr—
Ni ddaeth y bomiwr eto
    Â'i drymlwyth at dy ddôr.

Ond bellach darfu rhamant
  Yr hen ryfeloedd pell
A chlywi ru y bwystfil
  Yn nesu at dy gell.
Ni fyn na'th aur na'th arian—
  Mae'n udo am dy waed,
A'th fyd yn torri'n deilchion
  Dan sang ei fforchog draed.

YCHEN

Cyfieithiad rhydd o 'Oxen'
(Thomas Hardy)

Noswyl Nadolig ar hanner nos:
  'Maent hwy ar eu gliniau'n awr,'
Medd henwr llwyd, a ninnau'r plant
  Wrth dân yr hen gegin fawr.

A thybiem eu gweled ar weiriog lawr
  Y beudy unig a chlyd,
Heb amau nad oeddynt yn ôl ei air
  Yno'n penlinio i gyd.

Mor brin, yn awr, y ddawn a all wau
  Ystori mor bert ac mor dlos;
Ond heno pe deuai rhyw henwr a dweud
  'Tyrd, tyrd gyda mi dros y rhos;

'Mae'r ychen i gyd ar eu gliniau'n awr
  Yn y côr ar y rhedyn a'r gwair.'
Mi awn fel plentyn yn llon yn ei law
  Yn hyderus mai gwir oedd y gair.

YR OED

Pan ychwanego'r haul a'r lloer
    Ddwy ugain canrif at eu hoed,
Mi wn mai hallt fydd dŵr y môr,
    A gwyrdd fydd dail y coed,
Ac y bydd angau wrth ei waith
    Mor brysur ag erioed.

Ni wn a fydd un Calfin brwd,
    Neu Armin yn y tir;
Ni wn a fydd un Pabydd chwaith,
    Ond gwn mai'r Gwir fydd wir
Yr adeg hynny, fel erioed,
    Pan ychwanego'r haul a'r lloer
Ddwy ugain canrif at eu hoed.

A thithau, fab y dyddiau pell,
    Ni wn pa wedd fydd arnat ti:
Ond 'tra bo calon dan dy fron'
    Cei ofid fel ein gofid ni—
Hiraeth a siom, amheuon blin
Ond ti gei hefyd beth o'r rhin
A rydd y ddaear fyth i'w phlant
Yn si y dail a murmur nant,
Yng ngwên blodeuyn ar y ffridd,
Yng ngwyrth yr haul, y glaw a'r pridd;
Ym mwyn ymlyniad mab a bun,
Yng nghyfeillgarwch dyn a dyn.
A daw, ysgatfydd, ambell awr
Yn llawn o ryw orfoledd mawr,
A'th ysbryd dithau yn rhoi llam
Drwy wellt ei babell, megis fflam.
Yr un, yr un a fydd dy hynt
Â'r eiddom ni a'th dadau gynt.
Cei wylo ennyd, chwerthin dro
Cyn mynd i gysgu yn y gro—
    I gysgu, neu i gadw'r oed
    Â'r Hwn sy'r Un, yr Un erioed,
A gwrando ei gyfrinach O.

Y DYCHWEL

Ni chaiff y pryf fy nghnawd,
    Er mai fy mrawd yw ef;
Gwell gennyf enau glân
    Y tân a'i wenfflam gref.
Mi rof fy llwch ar ben fy hynt
    Yng ngofal gwynt y nef,

I'w wasgar p'le y myn
    Ar feysydd gwyn fy ngwlad,
Fel heuwr ar y ddôl
    Yn bwrw'n ôl yr had—
Y pridd i'r pridd, a'r ysbryd fry
    Yntau i dŷ ei Dad.

Y GENI

O heol i heol
    Yn ddyfal bu'r ddau
Yn chwilio am lety,
    A'r nos yn nesáu.

Prysurai'r aderyn
    I'w nyth dan y to,
A'r gweithiwr i'w fwthyn,
    Ond hwythau'n ddi-do

Tu allan i'r gwesty
    Yn gwrando ar gân
A miri y teithwyr
    O amgylch y tân.

Ymlwybro'n flinedig
    Yng nghysgod y gwrych,
Wrth olau y Seren
    At lety yr ych.

Ac yno'r Mab bychan
  A anwyd i'r byd;
Y preseb diaddurn
  A gafodd yn grud;

A mantell y Forwyn
  O lasliw y nen
Yn esmwyth obennydd
  Ymhlyg dan ei ben—

Y Baban Bendigaid
  Nad oedd Iddo le
Ond llety'r anifail
  Ym Methlehem dre'!

Y DOETHION

Pwy yw y rhain sy'n dod
  I'r ddinas ar y bryn,
Yng ngolau'r seren glaer
  Ar eu camelod gwyn?
Brenhinoedd dri yn ceisio crud
Brenin brenhinoedd yr holl fyd.

Blin fu y daith a hir,
  Heibio i demlau fyrdd
Duwiau y nos a'r gwyll,
  Dros anghynefin ffyrdd,
Yng ngolau'r seren glaer o hyd
At Dduw y duwiau yn ei grud.

Heibio i'r llety llawn,
  Heibio i'r llysoedd gwych,
Sefyll a phlygu i'r llawr
  Wrth lety llwm yr ych,
A gweled yno yn ei grud
Arglwydd arglwyddi yr holl fyd.

MAB Y SAER

Cadeiriau bregus, byrddau'r fro
A ddygid beunydd ato Fo;
Teganau'r plant ac offer gwlad
I'w trwsio ganddo yn siop ei dad.

Adferai yntau yn ddi-wall,
Ei braich i'r naill, ei goes i'r llall;
Trwsio, cyfannu a chryfhau
Â'r hoelion llym y celfi brau.

O Siop y Saer ar wŷs ei Dad
Bu'n tramwy wedyn drwy y wlad;
A'r fraich oedd wyw a wnaed yn gref,
A'r goes oedd gloff, drwy'i allu Ef.

Hwythau a'i rhoesant Ef un dydd
Dan hoelion llym ar groesbren prudd;
Ac yno, gan weddïo'n daer
Drostynt, bu farw Mab y Saer.

YR EBOL ASYN

Pan nad oedd llety Iddo,
    Bu un o'th hil mor hael
Â rhoddi gwely Iddo
    Yn ei gadachau gwael.

A chofiodd am gymwynas
    Y preseb ddyddiau'i gnawd,
A rhannodd o'i ogoniant
    Â chwi, hen deulu'r gwawd.

Ar lwdn un ohonoch
    Yr aeth mewn rhwysg drwy'r dref,
A'r dyrfa fawr yn gweiddi
    'Hosanna Iddo Ef.'

Ac yntau'r ebol asyn,
   Yn falch ei gam a'i drem,
A deithiai'r dwthwn hwnnw
   Drwy byrth Jerwsalem.

Nis tarfai llef y dyrfa
   Na'r palmwydd dan ei droed,
Cans ar ei war fe deimlai
   Y llaw dynera' erioed.

A phlygai 'i ben yn wylaidd,
   Â'i glustiau ar ddi-hun,
Yn gwrando ar hyfrydlais
   Y Meistr mawr ei Hun.

Y BACHGEN IESU

Efelychiad o 'Christmas,' cerdd a ganwyd gan E Hilton
Young ar fwrdd HMS Iron Duke yn ystod Rhyfel 1914-18.

Fe'i ganed Ef ym Methlehem,
   Chwaraeai'n blentyn bach
Ar gul heolydd Nasareth,
   A charai'i bröydd iach.

Fe'm ganed i yng Nghymru fwyn,
   Ac annwyl gennyf yw
Fy ngwlad a'm bro, cans yno mae
   Fy ngheraint hoff yn byw.

Fe rown fy mywyd dros y rhain,
   Ysgatfydd, yn ddi-oed:
Ond trengodd Hwn, o'i fodd, dros rai
   Nas gwelodd Ef erioed.

Ond tybiaf Iddo weld, wrth gau
   Ei lygaid ar y Groes,
Hen bentref annwyl Nasareth
   A bröydd bore'i oes.

SEIMON, MAB JONA

'Paham y gadewaist dy rwydau a'th gwch
Fab Jona, ar antur mor ffôl?
Gadael dy fasnach a myned ar ôl
Llencyn o Saer o Nasareth dref;
Gadael y sylwedd a dilyn y llef;
Cartref a phriod a'th deulu i gyd,
Cychod dy dad a'th fywoliaeth glyd,
Glasfor Tiberias a'i felyn draeth,
A diddan gwmpeini hen longwyr ffraeth;
Gadael y cyfan a myned ar ôl
Llencyn o saer a breuddwydiwr ffôl.'

*'Gwelais ei wyneb a chlywais ei lef,
A rhaid, a rhaid oedd ei ddilyn Ef.
Cryfach a thaerach yr alwad hon
A mwynach, mil mwynach na galwad y don
Ar hwyrnos loer-olau, ddigyffro, ddi-stŵr:
Gadewais y cyfan i ddilyn y Gŵr.'*

'Ni chefaist, fab Jona, ond dirmyg a gwawd
O ddilyn dy gyfaill gofidus a thlawd;
Nosweithiau o bryder, a dyddiau o wae
Yn lle yr hen firi ac afiaith y bae
A buost edifar, fab Jona, 'rwy'n siŵr.'

*'Na, gwynfyd fy mywyd oedd dilyn y Gŵr.
Na welwyd un cyfaill mor rhadlon ag Ef,
Mor dyner, mor eon, mor ffyddlon ag Ef.*

*'Fe'i gwelais yng Nghana pan ballodd y gwin
Yn llonni y cwmni â gwên ar ei fin.*

'Fe'i gwelais yn eistedd a phlant bach y fro
Yn tyrru i wrando ei storïau O.

'Ac unwaith a ninnau'n dychwelyd yn brudd
Â'n rhwydau yn weigion, ar doriad y dydd,
Fe'i clywais yn galw yn siriol a llon,
'Gwthiwch i'r dwfwn a bwrw i'r don
Eto eich rhwydau': a physgod di-ri'
A wingai nes rhwygo ein rhwydau ni.

'Dro arall a ninnau'n drallodus a gwan
Yng nghanol y storom, ymhell o'r lan,
Fe'i gwelais yn rhodio ar wyneb y lli—
A'r bedwaredd wylfa o'r nos ydoedd hi—
Daeth atom i'r llong a chiliodd ein braw,
A'r gwynt a ostegodd ar amnaid ei law.

'Fe'i gwelais â'i ffrewyll yn gyrru o'r Tŷ
Farchnatwyr anonest, cribddeilwyr hy.

'Fe'i gwelais yn sefyll yn ddewr a di-gryn,
Y dyrfa'n dynesu â'u lampau ynghyn,
Â'u gloyw gleddyfau a'u gwaywffyn;
A chlywais ei eiriau—a'r dagrau yn lli—
'Gadewch i'r rhain fyned; cymerwch chwi fi.'

'O gyfaill digymar! Dilynais i Ef
O bentref i bentref, o dref i dref,
I fyny i'r mynydd at byrth y nef;
Ac yno dymunwn gyweirio fy nyth
Yng nghysgod tair pabell, ac aros am byth.
Ond rhaid oedd ei ddilyn i'r dyffryn islaw,
Ac yno y gwelais weithredoedd ei law—

Ei nerthol weithredoedd—a chlywais ei lef
A honno yn llawn o awdurdod y nef.
        Clefydau a giliai,
        Cythreuliaid a grynai,
Ac Angau ei hunan a drengai wrth hon;
A minnau un diwrnod a lefais yn llon
(Cyfrinach y Duwdod a ddaeth ar fy nghlyw):
'Tydi yw y Crist, a Mab y Duw Byw.'

'Ac er imi wedyn ei wadu yn ffôl,
Cymerodd fi, Seimon, i'w fynwes yn ôl.'

'Ond ofer fu'r cyfan, fab Jona, a'r groes
Fu diwedd dy gyfaill ym mlodau ei oes.
Fe'i rhoddwyd i orwedd yn welw ei wedd,
A seliodd y milwyr y maen ar ei fedd.
Gwell it anghofio'r breuddwydiwr ffôl,
A throi at dy rwydau a'th gychod yn ôl.

'Na, na, nid marw fy Arglwydd a'm Duw
Cyfododd yr Iesu: mae eto yn fyw.

'A ninnau a'i gwelsom a thystion ŷm ni
Mai gobaith yr oesoedd yw Croes Calfari.
Mi welais y man y gorweddodd Ef,
A mwyach, yn eon mi godaf fy llef
I dystio am Iesu, Iachawdwr y byd,
Os f'Arglwydd a'i myn, drwy'r ddaear i gyd:
Cans gwelais ogoniant y Tad yn ei wedd—
Tywysog y Bywyd, Gorchfygwr y bedd.

Y DAIL

Cyfaddasiad o un o Chwedlau Krylov, y Bardd Rwseg

Un bore yn yr haf,
   Un bore heulog braf,
Murmurai'r dail uwchben:
'Nyni, y dail, a rydd i'r pren
Ei liw, a'i lun a'i fantell laes,
A'i holl hyfrydwch ar y maes;
Rhag gwres y dydd ein cysgod clyd
A rown i flin fforddolion byd;
   A'n harddwch gwyrdd
   A ddena'r myrdd
I ddawnsio'n nwyfus dan ein to.
Nyni, yn wir, yw tegwch bro.
Fe'n câr yr eos, ac mor bêr
Ei chân wrth esgyn tua'r sêr
O lwyfan glas ein breiniol lys.
Ac er ei frys
O dan ein cronglwyd oeda'r gwynt
I fwyn chwedleua ar ei hynt.
Nyni,' murmurai'r dail uwchben,
'Nyni, y dail, a rydd i'r pren
Ei liw, a'i lun a'i fantell laes,
A'i holl hyfrydwch ar y maes.'

Ar hyn daeth llef—rhyw isel gri—
O'r pridd islaw: 'A fynnech chwi
Warafun peth o'r clod i ni?'
Y dail atebodd iddo'n ffrom:
'Pwy ydwyt ti, o'th ddaear lom
A faidd ymrafael â nyni?
Dywed yn ebrwydd pwy wyt ti.'

'Un ydwyf i o'r distaw lu
Sy'n turio yn y ddaear ddu,
Ymhell o olau'r haul a'i wres,
I chwi gael dawnsio yn y tes:
Heb bryd na thegwch inni'n bod,
Heb air o ddiolch nac o glod,
   Ac eto'n sail
   Y pren a'r dail
A phob prydferthwch sydd yn bod.
Un, un o'r gwreiddiau ydwyf i—
Y gwreiddiau sy'n eich cynnal chwi.
     Ond cyn bo hir
     Eich tegwch ir
A dderfydd, ac o flaen y gwynt.
Fe'ch gyrrir, ar ddiddychwel hynt,
Yn ffoaduriaid truain, claf.
Daw newydd ddail a newydd haf,
Ond aros, aros a wnawn ni
Er cilio'n llwyr o'ch tegwch chwi,
    A'ch ymffrost ffôl
    Ar faes a dôl.
Fe drengai'r pren pe trengem ni.'

YR HAINT

Cyfaddasiad o un o Chwedlau Krylov

Trwy'r goedwig werdd a thros y mynydd llwm,
Trwy'r dyffryn bras, i fyny'r pellaf gwm,
Y cerddai'r Haint ac angau yn ei ôl.
Clafychai'r preiddiau ar y maes a'r ddôl—
Y llwynog yn ei ffau a swatiai'n brudd
Gan lyfu ei genau claf ar hyd y dydd,
A chyda'r hwyr ni fentrai allan mwy.
Swrth yntau'r blaidd; a than eu clwy
Griddfannai'r llew a'r llewpart yn y wig.
Ni chânai un aderyn ar y brig,

Ond dan y coed
	Ar ddistaw droed
Ymlusgai'r Haint mewn hugan niwlog laes,
Ac ni ddihangai dim ar fryn na maes
	Dan haul a lloer
	Rhag ingol afael ei grafangau oer.

Ar hyn y llew o'i uchel lys—
Brenin y Wig—a yrrodd wŷs
Yn galw'i ddeiliaid ato 'nghyd
I drafod helynt fawr eu byd.

Ac ato daeth, yn ufudd braidd,
Y llwynog coch, yr arth a'r blaidd,
	Y llewpart brych,
	Ac yntau'r ych,
Y gwyllt a'r gwâr, cans darfu mwy
Yr hen elyniaeth rhyngddynt hwy;
A chydeisteddai'r blaidd a'r oen
Y bore hwnnw, ffroen wrth ffroen.

'Fy neiliaid,' meddai'r llew, a'i lais oedd fwyn,
'Druain drigolion claf y maes a'r llwyn,
Daeth arnom farn y duwiau, yma'n awr
Cyffeswn ein pechodau, fach a mawr.
	Holed pob un ei hun,
	Chwilied ai ef yw'r un
A ddaeth â'r felltith hon ar deulu'r llawr.
	Ceisiwn lonyddu dig
	Duwiau y maes a'r wig.
Iddynt offrymwn heddiw aberth byw;
Gweddus a chyfiawn yw
	Farw o un o'n hil
	Er arbed brodyr fil.
Deuwch, cyffeswn ein pechodau'n awr.'

Bu gosteg ennyd; yna'r llew
    A wnaeth ei gyffes o:
'Lleddais a rhwygais lawer oen
    A llawer bugail, do.

Ac och! mi lerpiais yn fy nydd
    Lawer o blant y fro:
Bûm greulon wrth ddiniwed rai;
Ni wn a oes un mwy ei fai.'

Ar hyn y llwynog gyda gwên
Gyfarchodd ei Fawrhydi hen:
'O Frenin,' meddai, 'na fydd brudd:
Mi leddais innau yn fy nydd
Yr ŵydd, yr iâr a'r pethau ffôl
Sy'n prancio ar y maes a'r ddôl;
Ysbeiliais lawer pluog glwyd—
Mae'n rhaid i lwynog bach gael bwyd—
Ti roist anrhydedd ar y sawl
A leddaist, ac i ti bo'r mawl.
Di-fai, O Frenin, wyt erioed,
Addurn a tharian maes a choed.'

Bu gosteg ennyd eto. Yna'r blaidd,
Yr arth a'r llewpart, a phob un o'r praidd
A wnaeth ei gyffes—hanes du
Ei raib a'i greulonderau lu—
Gan roddi teyrnged gyda gwên
A geiriau mwyn i'w Brenin hen.
Y cryfa'i balf a'r llyma'i ddant
A fernid yno'n bennaf sant.

Ar hyn yr ych a ddaeth ar araf droed
I wneud ei gyffes gerbron Teyrn y Coed.

'O Frenin,' meddai, 'pechais innau, do.
Un Sabbath oer â'r newyn drwy y fro,
A minnau'n llesg, ar drengi bron,
Mi welais das o wair ar gaeau'r Fron—
Tas Pyrs, y Person. Frenin, ar fy ngair
Ni ddygais i ond tusw bach o'r gwair.
Temtiwyd fi a syrthiais. Frenin, ar fy ngair
Ni ddygais i ond tusw bach . . .'

'O! y dyhiryn,' meddai'r llwynog coch.
'Y cnaf, yr adyn,' meddai lleisiau croch
Yr arth a'r blaidd a'r llewpart brych,
'Yr Ych! yr Ych!
Hwn a enynnodd gyfiawn ddig
Duwiau y maes a duwiau'r wig.
Am bechod hwn y daeth y pla
I'n hysu ni, O Frenin da;
Offrymwn hwn yn aberth byw
Heddiw i'r duwiau. Euog yw.'

Ac felly'r llariaidd ych a aeth i'w dranc,
A'r blaidd a'r llwynog yn cyweirio'r stanc.

• • • • •

A dyna'r drefn yn hyn o fyd:
    Yr addfwyn rai
    Sy'n dwyn y bai,
O hyd, o hyd.

YSBRYD PENEGOES

Digwyddiad adeg Eisteddfod Genedlaethol Machynlleth (1938) yng nghwmni dau gyfreithiwr ac eisteddfodwr selog, yr Henadur Emyr Williams a Mr HVO Cooke.

'R ôl gwylio gorymdaith yr Orsedd
    Mewn gwisgoedd amryliw a heirdd,
A threulio y dydd yn y babell
    Yn gwrando y corau a'r beirdd,
Ymgiliais a hithau yn nosi
    I bentref Penegoes yn llon,
Yng nghwmni y bardd o Gyfeiliog
    A'r cerddor o ardal y Fron.

O! dyna i chwi lety ardderchog,
    Diguro ei wely a'i fwyd;
A buan y gwelwyd rhosynnau
    Ar ruddiau oedd gynnau mor llwyd.
Ond pallodd y trydan un hwyrddydd,
    A chafwyd i ymlid y nos
Ddwy lusern a'u fflam cyn dynered
    Â gwynion betalau y rhos.

Bûm yno'n ymgomio am oriau,
    Ac yna i'r gwely yn hy,
Y cerddor a'r bardd gyda'i gilydd,
    A minnau i nenfwd y tŷ.
Fy llusern a daflai gysgodion
    Ar furiau hynafol fy nghell,
Â'm ffenest' yn agor i'r nefoedd,
    A'r lloer yn fy ngwawdio o bell.

Gerllaw 'roedd hen eglwys Penegoes,
    A'i hywen ganghennog a phrudd,
A'r fynwent lle hunai'r pentrefwyr
    'R ôl llafur a lludded y dydd:
A minnau yn gwylio'r cysgodion
    Ar furiau hynafol fy nghell,
Â'm ffenest' yn agor i'r nefoedd,
    A'r lloer yn fy ngwawdio o bell.

Yn sydyn, ar hedd yr ystafell
    Disgynnodd rhyw gyffro a stŵr,
Fel siffrwd neu guriad adenydd
    Neu ochain—nid ydwyf yn siŵr—
Ond dawnsiai'r cysgodion o'm hamgylch.
    Fel tyrfa yn feddw gan win,
A thybiais mai meirw Penegoes
    Oedd yno ar wib dros y ffin.

'Roedd llaw ar y pared gwyngalchog
    A honno yn symud yn chwim,
A dwylo o'i deutu yn gwibio,
    A minnau'n dywedyd dim,
Ond yno yn aros, yn aros
    Gan rythu i gyrrau fy nghell,
Â'm ffenest' yn agor i'r nefoedd,
    A'r lloer yn fy ngwawdio o bell.

Cyflymai y dawnswyr, a'r dwylo
    Yn ymlid ei gilydd heb ball,
A rhywun yng nghwr yr ystafell
    Yn gwyllt ymbalfalu fel dall:
Yn nesu, yn cilio, yn nesu
    A chrio a churo yn chwim,
A minnau'n yswatio mewn dychryn
    Heb fedru ynganu dim.

Ar hyn dyma don o ddistawrwydd
    Dieithriol yn llenwi y lle,
A minnau yn suddo odani—
    Yn suddo, ni wyddwn i b'le;
A gwelwn drwy ffenest' f'ystafell
    Yr wybren yn llidiog a choch,
Ac yna o gôl y distawrwydd
    Daeth oernad aflafar a chroch.

Ac och! wele'r llaw yn fy nghyffwrdd
    A minnau yn welw a syn,
A'r llaw oedd yn oerach na'r barrug
    A lleithach na niwloedd y glyn;
A honno, yn cyffwrdd fy wyneb,
    Yn cilio, yn nesu yn hy,
Ac yna'n diflannu trwy'r pared
    A'r curo yn llenwi y tŷ.

Ar hynny, mi neidiais o'r gwely,
    Ni allwn orweddian yn hwy,
Ond taerach a thaerach fu'r curo,
    A'r crio yn chwyddo yn fwy.
A gwelwn y gwalch fu'n fy mhoeni
    Yn glynu wrth drawstiau fy nghell,
Ac yna'n diflannu drwy'r ffenest',
    A'r lleuad yn chwerthin o bell.

Hen ystlum Penegoes oedd yno
    Yn torri ar heddwch y nos,
Hen ystlum Penegoes â'i neges
    At brydydd o ardal y Rhos,
Yn gofyn im gofio amdano
    A nyddu rhyw bill iddo fo,
A gadael cwningod a llygod
    A llwynog yn llonydd am dro.

YR YSTLUM

Creadur yr hwyr a'r cysgodion,
    Pererin yr oriau di-stŵr,
Dy annedd yng nghonglau dilewyrch
    Ac oerllwm y murddun a'r tŵr;
Dy enw yn destun gwaradwydd,
    Yn druan a thrwsgwl dy ddull,
Ni fedri na cherdded na chropian
    Ond gwibio yn orffwyll drwy'r gwyll.

Creawdwr yr eryr a'r alarch,
    A Lluniwr y llewpart a'i ryw,
A roddodd i tithau dy ddelw
    A'th drwydded fel hwythau i fyw.
Pan fritho Ei sêr y ffurfafen,
    Pan ddringo Ei leuad i'r nen,
'Rwyt tithau ymhlith y rhifedi
    Sy'n dwyn Ei fwriadau i ben.

Y BAND UNDYN

I fyny Allt y Gwter
    A heibio i Stryt y Go',
Ha! dacw'r gŵr yn dyfod
    Â'i dabwrdd gydag o;
O gylch ei ben mae clychau
    I'w gweld yn rhes ar res,
Ac wrth ei draed mae tennyn
    Yn gweithio'r symbal pres.
Mae pib â'i chod chwyddedig
    Cydrhwng ei fron a'i fraich,
Ac yntau'n troi a throsi
    Dan ei soniarus faich;
I fyny Allt y Gwter
    A heibio i Stryt y Go',
A ninnau, blant y pentref,
    Yn tyrru ato fo.

At Dafarn Sem, ac yna
   Yn union at Siop Rad,
A'r tabwrdd yn taranu
   Wrth basio siop fy nhad;
Y clychau pêr yn canu
   A'r bib yn swnio'i gloes,
A thyrfa fawr yn aros
   Amdano ar y Groes;
Hen lowyr yn eu cwrcwd
   Pob un â'i getyn pwt,
Ac ambell filgi melyn
   Yn sefyll wrth eu cwt:

Merched â'u siolau lliwgar
   A'u llwyd 'ffedogau bras,
Y crydd â'i 'ffedog leder,
   A'r cigydd yn ei las;
Hynafgwyr a babanod,
   Bechgyn, genethod llon,
A phlismon tew y pentref
   Yn pwyso ar ei ffon.
A'r gŵr yn troi a throsi
   Gan ysgwyd braich a choes,
A'r gân yn dal i chwyddo
   Wrth nesu at y Groes,
A phlant y Rhos yn dilyn
   Y gŵr â'i ryfedd faich,
Gan ysgwyd megis yntau
   Bob un ei goes a'i fraich.

Nid wyf yn cofio'r alaw
   Na dim o'r gytgan chwaith,
'Roedd yno bob rhyw seiniau
   A phob rhyw ryfedd iaith:
Sŵn gwenyn dirifedi
   Yn suo yn y cwd,

A'r clychau oll yn gollwng
   Bob un ei gloyw ffrwd,
A'r ffrydiau yn ymgasglu
   Ynghyd yn rhu y drwm
Fel nentydd mân y mynydd
   Yn rhaeadr gwyllt y cwm;
'Roedd grwnian cathod cysglyd
   Yn gorffwys wedi'u gwib
Ar ôl y llygod gwichlyd,
   I'w glywed drwy y bib;
Symbalau melyn, mawrion
   Yn uno yn y gân,
A'u sŵn fel llestri lawer
   Yn torri'n deilchion mân;
'Roedd ochain hirfain yno
   A chwerthin iachus braf,
Dolefain gwynt y gaeaf
   A murmur chwaon haf;
A'r cerddor yn ymrwyfo
   Bron, bron â suddo i lawr
Fel hwyl-long mewn enbydrwydd
   Dan rym y gwyntoedd mawr.

O'r Groes at Siop y Gornel
   Drwy'r Sgwâr at y *Blue Bell*,
A'r clychau'n dal i ganu
   Wrth basio Peniwel:
Heibio i'r Dafarn Geiniog,
   Ymlaen i'r Groes drachefn.
A'r llestri'n dal i dorri
   Yn deilchion ar ei gefn;
Y tabwrdd yn taranu
   A'r bib yn swnio'i gloes,
A thyrfa eto'n disgwyl
   Amdano ar y Groes.

· · · · ·

Seibiant, ac yna'r miwsig
    A garai 'i galon o —
Tincial y mân ddimeiau
    A phrin geiniogau'r fro;
Yntau yn cilio ennyd
    O ŵydd y dorf a'r *row*,
Fel llong i'w hafan hyfryd
    I gegin fach y *Plough*.
Dadlwytho, dadluddedu
    A sychu 'i wyneb llaith,
Drachtio ei fir, ac yna
    Ail gychwyn ar ei daith;
A ninnau'r plant yn dilyn
    Y gŵr a'i ryfedd faich,
Gan ysgwyd megis yntau
    Bob un ei goes a'i fraich;
Wedi anghofio'r ysgol
    A phob rhyw chwerw hynt
'Run fath â'r seithwyr hynny
    Yng Nghastell Harlech gynt.
Ein galar wedi cilio,
    Yn orlawn o fwynhad
Yn dawnsio o flaen y cerddor
    Wrth nesu at Siop Rad;
At Dafarn Sem, ac yna
    Ymlaen at Stryt y Go',
Ac yno, och ohonof!
    Y llwyr ddiflannodd o,
A'i wyneb rhychiog, rhadlon
    A'i glychau'n rhes ar res,
Ei dabwrdd mawr a'i fagbib
    A'r platiau melyn pres,
I lawr hen Allt y Gwter
    Ymhell, ymhell o'm bro,
A dyna'r olwg olaf
    A gefais arno fo.

YR HOGYN PREN

Adolygiad ar gyfieithiad gwych ET Griffiths,
Y Barri, o 'Pinoccio' o'r Eidaleg i'r Gymraeg

O ddarn o bren y gwnaed o,
O'i gorun moel i'w draed o;
   Ac nid wy'n siŵr
   Nad paent a dŵr
A gaed i wneud ei waed o.
Ond pawb a chwarddai am ei ben
A'i alw ef yr 'hogyn pren.'
Cewch chwithau hwyl, ie, hwyl dros ben,
Wrth ddarllen stori'r hogyn pren.

   Ei enw oedd Pinoccio,
   Ac undydd i'w brofocio
Fe ddaeth criciedyn mawr a hy
O'i nyth ym mhared gwyn y tŷ
   I ddadlau â Phinoccio.
Cewch ddarllen am y cwbwl,
Yr helynt fawr a'r trwbwl,
Ac fel y taflwyd morthwyl pren
A tharo'r pryfyn ar ei ben
A'i wneud yn fflat ar wal y tŷ.
'A dyna ddiwedd', meddech chwi,
'Ar glonc yr hen griciedyn hy';
Ond dal yn fyw a wnaeth y pry'.

Un hwyr fe aeth Pinoccio
   I gysgu wrth y tân,
Ac yno 'roedd yn chwyrnu
   Ar lawr y gegin lân;
A'r fflamau coch yn suo,
   Ac yna'n rhuo, rhuo;
Ac yno'n siŵr y bu o
   Am oriau wrth y tân;

Ei ddwy goes bren yn lludw
A losgwyd, do, yn ulw
    Gan fflamau coch y tân,
Ac yntau'n crio, crio
    Ar lawr y gegin lân.

Cewch wybod am y llwynog
    Oedd, er yn glaf, yn gall,
Ac am y gath a ffugiai
    Ei bod hi'n gwbwl ddall;
Ac am ei dwyllo ganddynt
    A'i ddal gan ladron cas,
Ei faeddu'n frwnt, a'i grogi
    Ar gangen derwen las;
Ac am yr eneth fechan
    A chanddi galon fawr
A ddaeth yn llawn tosturi
    I'w dynnu ef i lawr,
Gan ddwyn y bywyd eto'n ôl
I galon bren yr hogyn ffôl.

Cewch fynd am dro i'r dafarn
    A gadwai'r Cimwch Coch,
Lle bu Pinoccio'n cysgu
    Un tro mor sownd â'r gloch.
Cewch ddarllen am y carchar
    A'i roi mewn unig gell;

Amdano'n teithio wedyn
    I fröydd hyfryd pell;
Ac fel y gwnaed Pinoccio
    Yn asyn hirglust ffôl
A'i droi drachefn yn hogyn,
    Yn hogyn pren yn ôl.

Ond dyna hi, ni ddof i ben,
Wrth adrodd stori'r hogyn pren,
A'r eneth gu o uchel dras,
Â'i grudd yn wyn, a'i gwallt yn las,
A fu yn fwyn, yn fwyn dros ben
Bob amser wrth yr hogyn pren.

Fe'i taflwyd ef i'r cefnfor,
   Ac yntau'n suddo i lawr;
Fel Jona gynt fe'i llyncwyd
   Gan glamp o forfil mawr;
Ac yno bu yn byw yn hir,
O dan y don ymhell o dir,
A'i gludo gan y morgi mawr
O dan y don, i lawr, i lawr,
Ond daeth yn ôl o'r antur hon,
Yn ôl i dir ar frig y don;
A bu yn trampio trwy y wlad
Yng nghwmni Japhet hen, ei dad,
Yn ddifyr iawn nes dod i ben
Ei ddyddiau fel yr hogyn pren;
Cans rhoddwyd iddo gnawd a gwaed
A chroen i'w freichiau ac i'w draed
A'i wneud yn hogyn bach fel chwi
O'i ben i'w draed yn iach fel chwi
Sy'n awr yn gwrando arnaf i.

O ddarn o bren y gwnaed o,
O'i gorun moel i'w draed o;
    Ac nid wy'n siŵr
    Nad paent a dŵr
A gaed i wneud ei waed o.
O hyn 'rwy'n siŵr cewch hwyl dros ben
Wrth ddarllen stori'r hogyn pren.

123

Y BWGAN BRAIN

Mae'r meysydd yn wyrddion,
   A gwynion yw'r drain,
A gwylio yn ddyfal
   Mae bwgan y brain;
Mewn siaced hen sowldiwr
   A chlos redi-mêd,
Ei het dros ei glustiau,
   A'i freichiau ar led.

    O! fwgan y brain,
      Hen fwgan y brain,
    Yr wyt ti'n ysmala,
      Hen fwgan y brain.

Mae'r adar yn chwerthin
   Ym mherthi y llwyn;
A phigo yr hadyd
   Bron, bron dan dy drwyn
Wna'r frân a'r golomen;
   A'r dryw sy mor hy
Ag ymwthio i'th lawes
   I osod ei dŷ.

    O! fwgan y brain,
      Hen fwgan y brain,
    Yr wyt ti'n un digri',
      Hen fwgan y brain.

Ysgweiar y cwysi,
   Â'th ddillad mor wael,
Os crintach dy feistr
   'Rwyt ti yn un hael.
Ni fynni warafun
   I'r drudwy gael byw,
Na rhan o'r cynhaeaf
   I'r sguthan a'i chyw.

O! fwgan y brain,
  Hen fwgan y brain,
  'Rwyt ti yn fonheddwr,
  Hen fwgan y brain.

PENFELEN

A minnau'n canu'n hapus
  Un bore ar y brig,
Mi welais ferch y brenin
  Yn cerdded drwy y wig,
A'i phen oedd cyn felyned
  Â'r aur oedd ar fy mhig.

'Aderyn,' meddai wrthyf
  'A ddeui di yn was
I mi? Cei gawell arian
  Yn 'stafell orau'r plas,
A'th roi yn lifrai'r brenin
  O sidan coch a glas.'

Mi chwerddais innau'n uchel,
  A d'wedyd wrthi hi
Mai gwell na chawell arian
  Yw maes a llwyn a lli,
A gwell na lifrai'r brenin
  Yw'r wisg a feddaf i.

A deliais ati i ganu
  Yn llawen ar y brig;
Ond wylai merch y brenin
  Gan ysgwyd pen yn ddig,
A hwnnw cyn felyned
  Â'r aur sydd yn fy mhig.

Mynegai